问道西湖

集团化办学谱写全域优质

汪培新 编著

WENDAO XIHU

JITUANHUA BANXUE PUXIE

QUANYU YOUZHI

浙江教育出版社·杭州

CONTENTS 目 录

顺势而为：
西湖教育集团化办学的十大样态

基层创新引领教育生态优化的先行者

《道德经》有言:道生一,一生二,二生三,三生万物。任何事物发展都应以遵循规律为基本前提,通过持续地创新与优化,追求事物发展的理想状态。杭州西湖区基础教育集团化办学实践正是这样一个"有生于无"的过程。从世纪之交点燃星星之火到形成燎原之势,西湖区始终坚持以人民为中心发展教育,始终坚持办公平而优质的教育,始终坚持改革创新谋求新的生长点,革新了区域基础教育供给方式,也开辟了共同富裕背景下义务教育优质均衡发展的新路径。

集团化办学以龙头学校为引领,用最短时间、以最快速度,高起点地解决区域内优质教育均衡发展的重大课题,力图实现基础教育公平与效率的双赢,并成为推动基础教育高质量发展的重要路径。回过头来看,西湖区集团化办学20多年,其价值意义在于:一是满足了老百姓在家门口上好学的迫切需求。集团化办学拓展了区域内学校办学模式,带动了薄弱学校成长和发展,让更多学生离名校、优质校越来越近,有效缓解了家长教育焦虑。二是提升了基础教育优质资源总量扩充的方式。西湖区以杭州市求是教育集团的成立为起点,通过名校、优质校对新建学校的辐射、帮扶甚至重构,有效扩大了义务教育优质资源和覆盖面。三是优化了支撑强国建设的区域基础教育生态。西湖区历经"名校集团化""紧密型教育共同体""全域优质共同体联盟"三个阶段,立足每一所学校、每一个集团的办学实际,着力推进队伍建设、课程建设、课堂研究、绩效评估等方面改革,绘就了全新的教育版图和教育格局。

集团化办学西湖实践取得了较为丰富的理论和实践成果,可圈可点,对于全国其他地区具有诸多参考借鉴的价值,其中以下几个方面最值得称道:

一是深刻理解和把握教育与经济社会发展的关系,回答好为什么要开展集团化办学的问题。世纪之交,杭州西湖区城市化进程加速,适龄学生就学需求也随之快速增长,而当时教育整体上发展相对滞后,学校布局存在诸多盲点,学校差距十分明显,难以满足老百姓在家门口上好学的需求。于是,从1999年开始西湖区探索区域推进集团化办学,先后出现了"名校＋"模式、"紧密型教育共同体"模式、"全域优质共生"办学模式,始终以公平优质为价值追求,着力整体提高区域教育质量。

二是因事因地因校制宜拓展优化政策和机制,回答好如何推进集团化办学的问题。作为基础教育制度的改革和创新,集团化办学是一个源于教育发展实践的概念,是对区域政府部门推动下的学校集群发展的总体概括,是推进区域教育优质均衡发展的创举。在2012年"探索集团化办学"上升为国家政策之前,西湖区已经连续出台了系列推进集团化办学的配套文件,在国家政策对集团化办学定位、特性和形式逐渐明朗化的过程中,西湖区集团化办学实践始终走在国家政策前列,积极探寻有助于发挥集团化办学优势的政策空间和实施机制,办好每一个教育集团,以基层创新激发学校办学活力。

三是合理发挥评价引导作用,回答好集团化办学办得怎样的问题。回顾西湖区集团化办学20多年的实践探索,可以发现在推进扩大优质教育资源的背后始终有一条评价的"暗线"贯穿其中。在最初的自主探索阶段,西湖区从源头上做好"母机"配置,以竞争方式选择有追求、有责任感、有质量的学校担任"第一个吃螃蟹"的学校,开拓连锁办学的新路径。伴随优质学校总量的扩大,西湖区积极推进教育集团中被老百姓认可的"新名校"脱离母体,成为"新母体学校",其中就暗含着对集团化办学成效的评价。"集团化办学标准"和共同体退出机制的建立为集团化办学成效评估和未来走向提供了支持和依据,尤其是"5+1"学校生态评价体系的提出,将集团化办学成效与学生发展情况建立深度联系,超越对区域宏观教育质量的关注,以区域教育生态优化为导向,从形式公平走向实质公平,注重微观、隐性教育资源的合理配置。

在加快建设教育强国的新征程中，整体推进西湖区基础教育优质均衡发展，还须进一步提升区域教育治理能力，坚守集团化办学的初心，持续优化集团化办学的顶层架构和政策设计，处理好其内含的效率与质量之间的关系，进一步释放集团化办学的育人红利，培养好具有西湖烙印、堪当民族复兴重任的时代新人。

中国教育科学研究院副院长

2023 年 10 月于北京

家门口上好学

1991年起,我在杭州市学军小学教导处负责招生工作。面对学区户籍儿童暴增的现状,学校招生政策开始由以户籍为准转为以实际住房为准。为此,我们每年都要对户籍儿童一一上门进行实际住房核查,发现有近半数的孩子家庭户籍和实际住房不符。家长普遍信任老牌名校,不愿到新区配套学校就近入学,造成了老学校招不下、新学校招不足的困局。

1997年,我到西湖区教育局教育科挂职,协助教育局将全区的招生改成"以住户合一为原则,住户分离的以住房为准"的政策。同时,为改变学军小学学区内孩子要年满6周岁半才能入学的现状,西湖区教育局不得已将离学军小学很近的西溪河以西区块划入招生严重不足的九莲新村配套学校。同时,西湖区教育局也十分重视提升九莲小学办学水平,除了对校园投入改造,还将九莲小学挂牌为一墙之隔的西湖区教师进修学校附属小学,要求教研员们每周都要去西湖区教师进修学校附属小学听课、上课和评课。但从家长角度看，似乎收效甚微。

在此过程中，我们除了无奈，更强烈地感受到了家长的用心良苦：有新房好房不敢住，让孩子上学舍近求远。简单说，就是我们传统的教育管理发展水平跟不上城市化快速发展的要求。

1997年起，我开始担任求是小学校长，虽然学校也面临人心不齐、校舍破旧、危房需要改造但资金匮乏等诸多难题，但我们还是想通过自己的努力，探索出一条能快速提高新区新学校办学质量的路子。老牌名校是政府和人民群众造就的，在国家城市化发展过程中应该带头体现使命担当。

1999年，在西湖区委、区政府和教育局的大力支持下，我们开始接管位于蒋村商住区的竞舟小学。从前期校园设计开始主动介入，将原计划的投资800万元，通过争取管委会增资、向房地产公司募捐等办法，使学校投资增加到1800万元，改变了传统校园建设标准和施工管理方法，率先采用地砖、外墙涂料、大开窗、落地玻璃等设计，从打桩开始到开学仅用8个月时间就完成，并在新学校中实现了我们老学校无法实现的课程设想和改革目标。

我们开始探索打破单校区的管理模式，探索了"资源五统一"和"质量标准化、管理信息化"等跨校区管理模式；梳理完善并建立了学校质量标准和管理流程，更好地体现按劳分配的原则，建立了有效激励的工资绩效体系，打破传统大锅饭分配体制；探索家委会竞选制度，引入家委会参与学校管理和评价……使学校管理从传统的"一个好校长＝一所好学校"的经验式管理转变为"一个好校长＝一套好标准＝一群好学校"的科学化管理,有效回答了社会上普遍存在的"牛奶兑水""名师稀释"等种种质疑,师资队伍在发展增量中实现了年龄结构、知识能力结构的不断优化,形成了"以老带新、以新促老"的良好局面。办学一年后,不仅竞舟小学的办学水平得到家长的普遍认可,本校的办学水平也在不断提高,受到了省、市教育部门和时任杭州市委书记王国平的高度关注。

为回答部分领导"一拖一能成功,一拖二会不会拖垮"的疑虑,我们又筹建并于2001年起接管了星洲小学。经过一年多的运行,办学质量也得到了广泛好评。

在此过程中,为解决市郊学生放学后的托管问题,我们成立了教育服务公司;为解决新区校外教育资源匮乏问题,我们成立了体育俱乐部。

为突破下属学校在发展过程中面临的一系列传统制度瓶颈,经过一年多的谋划,我们研究解决了集团化学校的管理机制,制定了集团学校的管理章程,创新了学校集群的登记审批办法。2002年,经区政府正式批准,成立了杭州市求是教育集团(总校)。

为验证集团学校质量标准化、管理科学化的有效性,2003年,我离开了求是教育集团。在我离开集团一年后,时任杭州市委书记王国平再次带领市四套班子领导到集团最新成立的星洲小学进行调研,并仔细询问了教职员工和学生。在得到"黄校长离开后集团学校运行没有受到影响"这一结论后,王书记在当天召开的调研座谈会上就代表市委、市政府宣布了杭州市全面推行名校(名园)集团化战略的决定,并规定"今后新办学校(幼儿园)不再新取校名，一律交给名校(园)领办""各名校首先要认真梳理各自的办学质量标准，为推进名校(园)集团化做好准备"……此后，王书记又将名校集团化战略推广到名医集团化、体育场馆集团化。我在2004年底离开了西湖区教育局副局长岗位，调任杭州青少年活动中心主任，开始了为时14年的校外教育"家门口上好学"的探索。

与当时如火如荼的名师名校工程相比，通过名校集团化快速实现基础教育优质公平化的目标，实际上是对教育自身局部利益的放弃和对人民群众普遍利益的坚持，本质上也是教育人的党性回归、良心回归和职业道德回归。非常高兴的是，我们看到西湖区教育局连续几任领导和一大批有志于推进教育公平事业的校长们，愿意积极主动牺牲教育自身的局部利益，毫不犹豫地投入到实现教育公平化的名校集团化探索实践中去，将名校集团化的内涵和外延不断拓深拓宽，在成功探索了"名校＋新校""紧密型办学"的基础上，又进一步探索了"名校＋弱校""松散型合作"等办学新模式，同时还勇敢迈开了跨区域扶持办学的步伐。他们取得的成效令人瞩目，做出的贡献可载入史册，令我十分钦佩。

愿我们共同努力，让更多的孩子在家门口上好学。

绿城教育集团总校长

2023年10月于杭州

应时而生：
让更多的孩子乐意在家门口上学

集团化办学的历史纵观

　　党中央、国务院在2021年印发了《关于支持浙江高质量发展建设共同富裕示范区的意见》。作为共同富裕示范区的浙江省,紧接着出台了《浙江高质量发展建设共同富裕示范区实施方案(2021—2025年)》和《杭州市"美好教育"共同富裕行动方案(2021—2023年)》。在全面建设中国式现代化的新征程中,以教育改革发展为主线,各级政府需要承担起推动教育领域共同富裕的政治责任,共同推进教育的高质量公平。西湖区作为全国集团化办学的"发源地",更应该扛起教育"首善"的担当。集团化办学这个独特而复杂的社会经济和教育现象,国内外教育领域均有涉及。从历史进程中理清教育集团的发展脉络,对比国内外集团化办学的异同点,有助于探索集团化办学的规律和有效实施途径,进而为未来的集团化办学提供改革的经验和思路。

作为国家教育改革的举措之一，集团化办学对国家教育发展的影响是深远的。集团化办学是指两个或两个以上的学校或校区在办学发展过程中，在共同的理念引领下，在一定契约约束下所形成的具有规模效应的合作办学关系，其最终目标是增强优质教育资源的辐射力，促使义务教育阶段优质教育资源的均衡化，有效实现教育公平。[1]本章对国内外典型的集团化办学历程、各级政府采取的措施进行分析，回顾集团化办学的纵深历史，回归集团化办学的初心。

一、美、英两国集团化办学的历史回溯

美、英两国都是集团化办学相关形态与实践兴起较早的国家。美国的办学思路中引入了第三方管理，采用市场竞争机制，而英国普通中小学组建教育集团时采用"小而精"的发展战略。美、英两国的办学形态类似于我国集团化办学的雏形，均具有各自的典型特色，对我国集团化办学也很有启发意义。因此，本节主要以美、英两国为例，通过对其历程中的形态梳理，总结有助于集团化办学深化发展的要素。

（一）美国的集团化办学形态

在20世纪90年代，为了提高弱势群体的受教育水平，美国在教育系统中引入了市场竞争机制，将办学质量不高的学校委托给有能力改善其办学状态的其他机构。[2]在这样的大背景下，"特许学校"兴起，通过"委托合同"

---

①郭元婕.集团化办学的理论与实践[M].北京:科学出版社,2020:22-23.
②张爽.基础教育集团化办学的模式研究[J].教育研究,2017(6):87-94.

明确办学各方的权利义务,同时不断通过"三方机构"评估其办学成效,集团化办学形态在市场经济的浪潮中不断"迭代"。

1. 掀起"公校私营"热潮源于市场主导

在基础教育阶段,美国的中小学分为4类(传统公立学校、特许学校、私立学校和家长学校),其中特许学校是最为特殊的一类。美国国家公立特许学校联盟(NAPSC)对特许学校的定义是:"特许学校是对所有学生开放的公立免学费学校。"20世纪90年代初,是美国集团化办学的发端时期,明尼苏达州颁布了美国第一部《特许学校法》,各州随后也相继出台了本州的地方法。《特许学校法》开启了美国"公校私营"运动,同时也开启了美国集团化办学的历程。特许学校通常独立于传统学区运营,向有自主权的教师提供高质量的指导,以设计适合学生需求的教育。它们有充满活力的校长领导,灵活地创建学校文化,以此提升学生的成绩和提高家长的满意度。因为美国的教育权不在国家层面而在各州,管理权又分布在州内学区内,这在客观上造成了各校所属地区不同、办学经费差异大的局面。公众对于基础教育阶段受教育水平差异化程度的不满情绪不断上升,认为美国公立学校的资金存在"极大的不平等",僵化的教育管理体制必须改革。于是,在经历8年的"公校私营"热潮后,美国进入了集团化办学的调整时期。该时期最大的特点是各类教育集团开始出现并购现象,即市场经济主导下教育集团呈现优胜劣汰的现象,同时受到非营利性组织更容易受到"公众信任"和"取得资助"等因素的影响,一些教育管理组织改变自身运营模式,完成从营利性向非营利性的转变。[1]2002年后,美国的集团化办学进入了稳步发展阶段,存活下来的教育集团开始谋求新的发展,如经营与教育相关的产品来实现利润增长,以知识力量计划(KIPP)学校教育集团为代表的非营利性教育集团获得了社会和政府的更多支持。营利性与非营利性的教育集团均找到了自身的发展点,此时的集团化办学形态比较多样,相互间取长补短。

2. 借助"委托合同"明确各方权利和义务

在优胜劣汰的市场竞争机制下,美国集团化办学的逻辑是让有能力办好学校的机构去办,让懂得经营学校的机构去管理。无论是带着营利性还是非营利性的目的,只要符合市场准入条件,怀揣教育理想的机构都能获得办学授权,这样"生存""竞争""成功"等因素都能激发教育集团的办学热情。同时,组建教育集团的各个环节都有法律法规做出明确规定,其授权的程度和内容以"委托合同"的形式被确定下来。所谓授权制度,"是美国特许学校及特许学校管理组织保障学校及组织合理准入和公正问责的主要措施"。[2]虽然办集团学校的门槛不高,但是方方面面都要依"规"而行。这个"规"既可以看作批准学校成立的法律文书,又是建立和运营新建学校的设计规划与实施方案,而且是规定双方的权利和义务的合同。例如,"特许学校合同"是由特许学校和其授权机构执行的具有法律约束力的协议,

---

①王晓晨.美国集团化办学研究[D].华东师范大学,2015.
②刘莉莉,朱润蕾.美国教育集团管理授权的制度分析及启示——基于美国《特许学校法》授权条款的研究[J].教师教育研究,2017(2):120-126.

规定了学校的运营条款和条件,定义了每一方的权利和责任,包括绩效期望和更新条件。①有学者对美国特许学校合同涉及的要点进行了整理,包含"事实陈述""学校状态"在内的8项主要内容。

美国特许学校合同要点

章节	涉及的主要内容
事实陈述	确认签订合同的授权人和该特许学校的法定权利,以及开始执行合同的环境。
学校状态	学校存在的状态和对治理主体的要求。
学校运营	明确关键运行项目,明确说明学校的使命、在校生数、教育项目、校历及学生纪律。
学校财务事务	对关键的资金流程与规定进行阐明,明确各方的财务责任。
员工	描述学校员工的状态与需求。
委托期限、更新与撤销委托	陈述委托期限以及更新与撤销委托的条件。
合同运行	描述如何维护和执行合同,以及从合同修改到争议解决的程序。
授权人政策	通过展示呈现授权人提供的政策与采取的措施,以及指明被授权者开设特许学校前应做的准备的要求。这一部分应该包括授权人的评估框架和明确、可衡量的绩效标准以及对特许学校的期望。

3. 依托"三方机构"评估集团办学效果

在这样"宽松"的政策背景下,市场经济推动了美国集团化办学的发

---

①王晓晨.美国集团化办学研究[D].华东师范大学,2015.

展,政府的行政干预逐渐减弱,而学校办学内驱力却日益高涨,此时集团化办学的成功与否需要靠学校自身发展和实力来不断推进改革。但政府有监督集团化办学实施状况的责任,因此定期依托"三方机构"评估集团办学效果,成了必要之举。美国政府执行的评估又分为两个层面:其一,从管理者的视角分析,州政府通过《特许学校法》相关规定,授权者通常会要求被授权者定期汇报学校年度审计等方面的情况,监督学校或者集团运营状况与绩效目标的达成度;其二,第三方组织(如美国的NAPSC)与政府存在千丝万缕的联系,其评估结果有很好的公信力,甚至可以据此做出决策或者调整政策。而办学要素的评估主要围绕定量的指标(学生的学业成就、家长的选择、返校学生的数量等)以及定性分析指标(学校文化、社会影响等)开展。有学者对美国集团化办学测量因素进行了调查举例。

美国集团化办学测量因素列表[①]

因素	定性/定量	集团案例
学生成绩	定量	案例1:确保在其他校园的学生成绩能够与最初校园的一样高,包括出勤、考试分数、升学率和大学入学率。 ——诺布尔特许学校集团 案例2:让学生进入大学,更重要的是,让他们大学毕业。如果我们在大学入学测试中胜过对手,但学生没有留在大学的必要资金,并且大学挂科,那么我们就失败了。 ——视角特许学校

---

①王晓晨.美国集团化办学研究[D].华东师范大学,2015.

续表

因素	定性/定量	集团案例
家长选择和返校学生数	定量	案例：我们有一个测量因素叫家长选择——学校满员了吗？我们的招生情况怎样？更重要的是，家长是不是会继续选择我们的学校？最后的结论是，返校学生的比例可能是最可靠的测量因素。 ——想象力集团
全体教师和领导的留任	定量	案例1：全体教师的留任，我们保留的教师的质量，这些对我们而言都是重要的测量因素。 ——伟大心学院 案例2：校长流动……所有的事情都有关校长。直到你弄清楚如何聘请和培养好校长，并且留住他们，你的集团才会兴旺、达到一定规模并且对学生生活产生影响。　　——ICEF公立学校集团
财政和预算量度	定量	案例1：学校偿债能力：学校有盈余。 ——伟大心学院 案例2：每年我们都想让用在每个学生身上的成本低于前一年，这是可持续发展的一个关键量度……如果我们不能发展和维持质量，那么我们就没有做好。　　——追求学校 案例3：我们试图建立一个模型来帮助减少浪费并使学生和教师的资金使用最大化。例如，在午餐服务上每个学生花费的平均数目是多少？ ——大学准备学校联盟
学校文化	定性	案例：我们认为开设新学校，使其无缝融入已经存在5年的学校架构是关键。如果我们做得正确，学校间不会存在太大差异；如果我们做得不对，就会有抱怨。所以，学校在一开始就要推行亚瑟学院的使命与文化。　　——亚瑟学院

因素	定性/定量	集团案例
更广泛的影响	定性	案例1：我们试图将自己从工作、意义中抽离出来。如果我们工作做得好，就可以对该地区的教育进行变革。 ——绿点学校集团 案例2：我们看看地区如何回应我们。拥有学生比例最高的地区没有回应，它们正在消亡；在拥有影响力更大的地区，我们看到了改变，即使我们服务更少的学生。我们需要找出具体的措施来决定我们是否作为成功转变的催化剂。 ——推动学校

（二）英国的集团化办学形态

英国也是集团化办学兴起比较早的国家，与美国市场化的竞争机制不同，英国中小学教育集团采取的是"小而精"的发展战略。

1."转向大众教育"形成变革新目标

英国基础教育阶段的集团化办学始于19世纪90年代。早在集团化办学前，英国就尝试了多种办学体制改革。1997年英国工党赢得大选后，首相布莱尔确定新政府的首要任务是推行教育改革，政府倡导学校教育应该共同发展，发展基础教育不应该采取优胜劣汰的思路，而是要改善薄弱学校的办学状况。于是，英国首先尝试进行了"教育行动区"和"追求卓越的城市教育"两项改革。尽管改革有益，但相比于预期效果，贡献值还是"杯水车薪"，英国薄弱学校的教育状况仍然没有得到有效的改善，特别是以低收入家庭、少数民族群体子女为主的大城市内的城区学校以及偏远农村小型学校的教育质量依然不高。经过反复酝酿，英国政府推出了集团化办学的新举措，试图从"精英教育"模式转向"大众教育"模式。

英国集团化办学的思想源于"学校合作"这一办学模式。2001年，在英国教育与技能部提交给议会下院的《教育法案》中正式使用了"学校联盟"的表述方式。该法案第23条提出，两所及以上的学校可以根据有关条件和程序建立学校联盟。同时，该法案对学校联盟的建立、解散、资产转让、权利与义务等问题也做出了具体规定。《2002年教育法案》正式采用了"联合学校"的表述，至此，以"学校联盟""连锁学校"命名的集团化办学改革，以法律的形式在英国被确立下来。2003年，英国政府出台了一系列规定，鼓励中小学在自发自愿的基础上与其他学校建立合作伙伴关系，在这个过程中，"联合学校"出现了多种形式。[①]2004年出台的《联合学校管理章程》更是对"联合学校"的成立、加入和解散流程等做了详细规定。英国集团化办学也逐步从探索阶段迈向深化阶段。

2. "自我改进系统"成为改革发力点

随着"连锁学校"办学受到各方好评，英国政府对深入持续推进集团化办学有了新的发力点。2009年颁布的《儿童、学校与未来：构筑21世纪的学校体》正式将"联合学校"办学确定为英国基础教育发展的重点举措，并在总结完善经验的基础上大力推广。2010年，英国政府在前期调研的基础上发布了《教学的重要性》白皮书，力图依靠学校之间的相互协作，构建

①袁耀宗.英国"联合学校"办学实践对我国中小学集团化办学的启示[J].湖南第一师范学院学报,2020(6):30-34.

"自我改进的学校系统"，即"教学学校联盟"。①2012年，英国政府受到国际学生评估项目(PISA)测试表现不佳的压力，同时为了缓解财政困难，开始引导优质学校参与学校改进。入选该计划的学校均是在英国教育标准办公室的督导中被评为"优秀"的学校。这些学校的职责是与其他学校和相关组织合作，组建"国家教学学校联盟"，为不同学校提供高质量的教师培训与专业发展项目，把优秀的办学实践经验推广到普通学校，以实现区域内办学质量的整体提升。英国教育部指出，联盟学校之间可以共享治理结构、教育设备、教师及专家等资源；联盟合作的模式可以是多元的，合作主要基于各学校自身的背景、需求以及发展目标开展。例如：所有学校共享一个管理机构；在合作协议中共享同一目标；在特定领域可以分摊教育预算，具体的预算事宜相互协商；虽然各校的预算相对独立，但学校联盟共有的理事机构可以代表所有学校做出预算决定；所有学校有共同任命管理层和其他重要职位的权力；等等。②

　　"自我改进的学校系统"在发展的过程中，离不开政府和学校联盟双向"发力"。政府主导是集团化办学的保障，英国政府除发布政策支持集团化办学以外，在经费的投入上也不断加大力度。有学者统计，仅在2004年至2007年，也就是英国开始实施"连锁学校"战略期间，教育与技能部就投入1600万英镑对37所"连锁学校"进行了重点资助。事实证明，在英国集团化办学推进的过程中，英国政府从资金和技术方面不断加大对"连锁学校"

---

①刘敏，高存. 集团化办学促进教育均衡：英国教学学校联盟的经验[J]. 人民教育，2018(5)：67-68.

②刘敏，高存. 集团化办学促进教育均衡：英国教学学校联盟的经验[J]. 人民教育，2018(5)：67-68.

的支持力度。同时，从教育联盟自身发展来说，打造一些特色更容易获得社会支持。特色发展为联盟争取了许多专项和非专项的资金，有的教育联盟新建了球场、卡丁车训练场和职业学习中心等。特色的发展使得教育联盟更加"吸引眼球"，在这个过程中实现了集团化办学的良性循环。

3."教师专业成长"作为改进新因素

英国集团化办学以提升教育质量为出发点，而不是一味追求规模发展，在办学过程中，非常注重对集团负责人的引导和培养。首先，在促进合作初期，正确对待学校负责人的畏难情绪。从一所学校的负责人到一个联盟的负责人，从办好一所学校到改善一所薄弱学校，其中所要承担的责任是不同的，多数联盟负责人在合作之前都会对此进行思量，有畏难情绪，这是非常正常的。英国政府和议会的相关人员通常的做法是积极引导，鼓励优质学校校长承担更多的教育责任，而不是强迫其进行合作。其次，优质学校校长在意识到自身作为先行者所承担的社会责任后，通常会主动采取以职能合作为铺垫的举措。由于民主的风气在英国学校中较为普遍，校长通常要在校内进行合作与否的民意调查，而不会独断专行，只有在得到教职员工的普遍认可后，合作才有可能达成。正所谓强扭的瓜不甜，达成共识后才能凝聚人心、汇集力量。再次，改善薄弱学校，要先改善联盟管理层。专事由专人办，联盟负责人对薄弱学校的改进已经做好了打持久战的心理准备，半年起效、三年见效的规律深入人心。政府通常会采取包容的态度，同时对联盟的管理也非常注重实效。这种联盟负责人培养方式在英国取得的效果很好，联盟负责人对自身的定位科学、准确。有联盟负责人表示,"联盟使我们更加注重与外界的交流……两所学校领导小组的每个成员都将自己视为教育的领导者而不是机构的领导者"。最后,提升执行校长筹集资金兴办教育集团的专业能力。调查中,一名副校长表示,对于行政校长而言,在获得额外资金方面具备相应的专业知识很重要,并指出,如果没有大量额外收入,很难迅速改善处于困境中的学校。

二、我国集团化办学的脉络及演变

我国集团化办学初见于20世纪90年代,探索于21世纪初,深化于新时代。作为我国教育体制改革的一项重要举措,理清集团化办学的历史脉络,分析和总结梳理出集团化办学的"生长路径",是有序深化此项改革的前提与基础。

(一)萌芽阶段:从"有学上"到"上好学"

新中国成立以来,为了培养实现工业化和现代化急需的科技人才,国家建立了重点学校制度,目的是将稀缺的教育资源集中在较优秀的学生身上。[1]20世纪80年代中期,国家开始改革义务教育阶段入学政策,将以考试进入"重点校"的方式调整为"划分学区、按居住地就近入学"。20世纪90年代,义务教育阶段的重点学校制度被教育部明令取消,但在长期的演变中,社会上存在自发向优势教育资源区域靠拢的意愿和行动。这一举措虽然解决了人才问题,但是也形成了教育资源非均衡配置的初始格局。

---

[1]吴愈晓.教育分流体制与中国的教育分层(1978—2008)[J].社会学研究,2013(4):179-202.

1. 大力遏制"择校热"

1986年，《中华人民共和国义务教育法》正式出台，其中第九条第一款对就近入学做了规定，即"地方各级人民政府应当合理设置小学、初级中等学校，使儿童、少年就近入学"，而对就近入学的目的、要求等并无立法解释。随着社会主义政治、经济进一步发展，"截至1991年，全国小学适龄儿童入学率达到97.8%，在校生的巩固率已达96.9%"。①大众关注的教育重点已从"有学上"转移到"上好学"。

（1）"以钱择校"

20世纪90年代以来，一部分先富起来的家庭，不甘心自己的子女仅接受普及型的教育，家门口的普通学校已经不能满足他们的需求，他们更愿意承担教育的高消费，这成为推动教育进入产业化经营的催化剂。②1992年，中共中央、国务院颁布了《关于加快发展第三产业的决定》，第一次明确将教育归入第三产业，并作为发展的重点。③1993年，《中共中央关于建立社会主义市场经济体制若干问题的决定》指出："义务教育主要由政府投资办学，同时鼓励多渠道、多形式社会集资办学和民间办学。"于是，民办中小学悄然兴起，主要以提供优质教育资源、满足多样化需求的角色进入教育服务市场，赢得了社会的认同。民办中小学在提供优质教育服务的同时，也需要高昂的学费支持，同时一些公办学校在招收"择校生"时，也需要收

①吴福生.《义务教育法》实施情况[J].中国法律年鉴,1992(1):20.
②高耀明,魏志春.论我国教育集团发展的现状和趋势[J].高等教育研究,2001(6):36-42.
③高耀明,魏志春.论我国教育集团发展的现状和趋势[J].高等教育研究,2001(6):36-42.

取一定的"择校费"。《国务院办公厅转发国家教委等部门关于1996年在全国开展治理中小学乱收费工作实施意见的通知》指出："一定要把'择校生'高收费问题坚决遏制住，重点是大中城市。对义务教育阶段公办学校现仍在招收'择校生'的，当地政府和有关部门要采取果断措施首先解决好高收费问题。"

（2）"以房择校"

20世纪90年代中期，伴随住房市场化改革的深入和户籍制度的相对松动，通过购买住房获得优质教育资源，成为有经济实力人士的普遍选择。[①]这一情况，本质上没有改变家庭社会经济地位对教育机会分配的影响，只不过从"择校"变成了"择房"。而更严重的是，与早先的"以钱择校"相比，"学区房"所需支出更高，由此形成更大范围的社会"排斥"，也就是说，原先的"以钱择校"，仍以考试和能力为基础分配标准，仍为身处社会弱势阶层但学习能力较强的学生提供了进入优质学校的可能，然而以居住区划分为标准，这一群体就因无法购买房子而失去了进入优质学校的机会。

2. 集团办学"初展露"

无论是"以钱择校"，还是"以房择校"，在当时某种程度上是被认可甚至是鼓励的，这部分人依靠家庭社会经济条件来获得优质教育资源，实现优势叠加。教育起点公平被打破，不仅没有使社会经济条件处于劣势地位的家庭获得补偿，而且形势更加"雪上加霜"。1998年，《国务院办公厅转

---

①冯皓，陆铭.通过买房而择校：教育影响房价的经验证据与政策含义[J].世界经济，2010（12）：89-104.

发教育部关于义务教育阶段办学体制改革试验工作若干意见的通知》中再次明确规定："办好义务教育是政府义不容辞的职责，各级政府要下大力量办好公办学校，确保公办学校能够满足适龄儿童少年就近入学的需求。"

为了进一步满足从"有学上"到"上好学"的诉求，同时解决"择校热""天价学区房"问题，"教育集团"这一概念悄然而生。这是从企业集团的组织形式移植而来的教育经营开发组织形式。当教育产业发展中的同一主体中，个体规模扩大、数量增多时，就要经历从单一向群体发展的集团化过程。这就必然导致组织治理结构的变化和合理化，即引入个体联合的有效组织形式——教育集团。①义务教育集团化办学始于 1999 年杭州市求是小学的名校连锁办学。2002 年，杭州西湖区提出集团化办学理念。顾明远先生题写了"杭州市求是教育集团"匾牌，这是杭州市第一个教育集团，由一所名校牵头和若干非名校汇聚形成。此后，杭州市以分片规划、实施"名校＋新校""名校＋民校""名校＋名企""名校＋弱校""名校＋农校"以及中外合作办学等多种办学模式，通过名校的资源优势和管理优势的辐射，促进乡校、弱校、新校办学条件的改善和发展。乘政策的东风，2004年，杭州市委、市政府出台《关于进一步推进基础教育改革和发展的若干意见》，首次提出在全市实施名校集团化办学战略。同年，杭州市教育局制定《关于实施中小学名校集团化战略的若干意见》和《杭州市中小学名校认定标准及办法》。该政策将教育集团扩大到高中阶段。当年杭州全市共组建24 个教育集团，两年后扩展到 51 个，有成员单位 188 个。集团化办学逐渐成为沿海经济与教育发达地区推进义务教育均衡发展的基本策略与举措。

---

① 王伟. 试论教育集团的模式构想与道路选择[J]. 教育发展研究,2006(6):27-30.

（二）探索阶段：从"上好学"到"在家门口上好学"

2005年5月25日，教育部下发《关于进一步推进义务教育均衡发展的若干意见》，要求各级教育行政部门把今后义务教育工作的重心进一步落实到办好每一所学校和关注每一个孩子健康成长上来，有效遏制城乡之间、地区之间和校际教育差距扩大的势头，并提出了4项措施。2006年，我国修订《中华人民共和国义务教育法》，明确提出合理配置教育资源，促进义务教育均衡发展，第一次把促进义务教育均衡发展上升为各级政府的法定义务。从各类文件中可以看出，这一阶段教育"均衡发展"是核心，"上好学"的诉求也逐步过渡到了"在家门口上好学"。

1. 努力践行"抬底盘"

曾有学者呼吁"努力促进义务教育公平关乎国家教育体系的良性运行和均衡发展。对目前我国基础教育中仍然存在的不公平问题，政府应提供相应的公共服务，为促进义务教育公平做出努力"。①而基础教育的集团化办学在特定时期、特定范围内，既能促进教育公平，又可以提高教育效率，是促进教育均衡发展的有效改革形式。

（1）"城乡一体化"

为了进一步解决"择校热"的顽疾，2009年，《教育部关于当前加强中小学管理规范办学行为的指导意见》指出："在优先方便学生就近入学、不

---

① 胡宪君，何跃，程艳霞. 对和谐社会构建中义务教育公平的思考[J]. 天津师范大学学报（基础教育版），2006（1）：13-16.

加重农民负担的前提下,根据学龄人口变化,合理布局农村义务教育阶段学校,因地制宜地科学配置教育资源。"此时,教育集团化的重点在于通过资源共享等机制改革,充分发挥优质学校的办学优势,促进对城乡薄弱学校的改造。"名校集团化"模式使优质教育资源迅速向教育薄弱区域扩张和辐射,"据统计,截至2011年底,杭州市成立了210个名校教育集团,其中主城区76个,覆盖率70.33%"。①

（2）"均衡一体化"

教育公平是社会公平的重要基础。《国家中长期教育改革和发展规划纲要（2010—2020年）》把推动义务教育均衡发展列为重要内容,同年《关于贯彻落实科学发展观进一步推进义务教育均衡发展的意见》指出,"力争在2012年实现区域内义务教育初步均衡,到2020年实现区域内义务教育基本均衡,共享优质教育资源,加快改造薄弱学校"。这一目标成为集团化办学发展的催化剂。2012年1月,教育部出台《县域义务教育均衡发展督导评估暂行办法》,其中要求首先要在县域内评估义务教育校际均衡状况,同时评估县级政府推进义务教育均衡发展工作状况。同年9月,《国务院关于深入推进义务教育均衡发展的意见》指出,"率先在县域内实现义务教育基本均衡发展……把区域内学生就近入学比率和招收择校生的比率纳入考核教育部门和学校的指标体系,切实缓解'择校热'"。文件中同时明确了"发挥优质学校的辐射带动作用,鼓励建立学校联盟,探索集团化办学,提倡对口帮扶,实施学区化管理,整体提升学校办学水平"。至此,我国初

①费蔚.从管理到治理:区域推进义务教育优质均衡发展的体制机制创新[J].教育发展研究,2014(15):13-20.

次在义务教育领域正式明确了"集团化办学"概念，义务教育进入均衡发展的新阶段。

2. 集团办学"潮涌式"

要谈到均衡发展就离不开"质量"二字，各类政策文件都把促进公平作为国家基本教育政策，把提高质量作为教育改革发展的核心任务，"质量"一词在标志性改革文件中出现频次逐渐增加，这也标志着以质量提升为核心的内涵式均衡发展成为教育改革的基本思路。

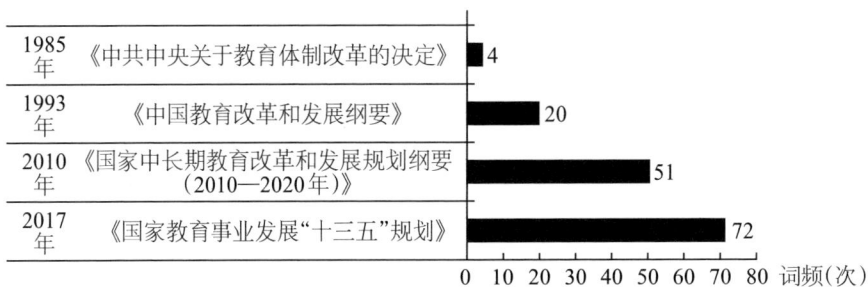

年份	文件	词频
1985年	《中共中央关于教育体制改革的决定》	4
1993年	《中国教育改革和发展纲要》	20
2010年	《国家中长期教育改革和发展规划纲要（2010—2020年）》	51
2017年	《国家教育事业发展"十三五"规划》	72

教育改革标志性文件中"质量"一词的词频①

2013年发布的《中共中央关于全面深化改革若干重大问题的决定》中，明确指出要"深化教育领域综合改革……大力促进教育公平……逐步缩小区域、城乡、校际差距。统筹城乡义务教育资源均衡配置，实行公办学校标准化建设和校长教师交流轮岗，不设重点学校重点班，破解择校难题，标本兼治减轻学生课业负担"。要实现教育成果能够更多、更公平

①田慧生,邓友超.让十三亿人民享有更好更公平的教育——十八大以来教育质量提升的成就与经验[M].北京:教育科学出版社,2017:3.

地惠及全体人民，必须加快社会事业改革，解决好人民最关心的热点问题，更好地满足人民的需求，而集团化办学在这方面有很大的发展空间，集团化办学的形态也在协调多方矛盾和统筹改革发展中悄然生长，并逐渐演变出各类办学模式，如西湖区"名校＋"办学模式、沈河区"全纳"办学模式、南山区"贯通"办学模式、海淀区"矩阵"办学模式、金普新区"覆盖"办学模式……①我国基础教育集团化办学也开始展开大范围实践，重庆、武汉、合肥、西安、三亚等越来越多的城市加入实践行列，"集团化办学之路"越走越宽。②

（三）深化阶段：从"在家门口上好学"到"乐意在家门口上好学"

党的十八大以来，教育领域全面深化综合改革，倡导教育供给侧改革，大力推进教育优质、均衡发展，努力办好人民满意的教育。习近平总书记多次强调教育公平是社会公平的重要基础，要不断促进教育发展成果更多更公平地惠及全体人民，让每一个孩子都对自己有信心、对未来有希望，让每一个孩子都有人生出彩的机会。③近年来，西湖区在保障基础教育公平的同时，对基础教育的集团化办学提出了更高的目标，即让更多的孩子从"在家门口上好学"到"乐意在家门口上好学"。

①郭元婕.集团化办学的理论与实践[M].北京:科学出版社,2020:142-184.
②范小梅,黄媛媛.基础教育集团化办学的回顾、反思与前瞻[J].教育探索,2021(3):1-6.
③李奕.集团化办学:基础教育基本公共服务模式的转型升级[J].人民教育,2017(11):15-20.

1. 缩小差距"补短板"

2013年，中共中央发布《关于全面深化改革若干重大问题的决定》，确立优质共享信息化和学校办学自主化的发展趋势，为集团发展建构交流纽带。①集团化办学由最初的"单一化移植"向"多样化创新"跃进式发展，进一步抬高义务教育阶段的底盘，缩小质量差距。

（1）打破机制阻碍

随着我国城市发展和新老城区的深度融合以及新型城镇化的快速推进，不少城市面临着优质教育资源结构性短缺的难题。跨区域、跨层级推进集团化办学，需要打破各级之间的体制机制障碍，补齐教育发展短板。2016年，《关于统筹推进县域内城乡义务教育一体化改革发展的若干意见》明确集团化办学的目标、模式、领域，办学范围逐步向农村等薄弱区域拓展。这一举措成为集团化办学的"加速剂"。为继续创新深化教育体制改革，2017年，《关于深化教育体制机制改革的意见》针对创新集团办学管理模式规划实施路径，提出"试行学区化管理，探索集团化办学，采取委托管理、强校带弱校、学校联盟、九年一贯制等灵活多样的办学形式"②。办学活力在政府推动和市场支持下被激发，集团扩张规模加速。截至2019年底，出台集团化办学政策的省（市、自治区、直辖市）有13个，出台集团化办学政策的省会（首府）城市有8个，分别是成都、南昌、合肥、长沙、石家庄、

---

①杨敏，汪菲. 集团化办学的历史演进、发展模式与优化路径[J]. 当代教育理论与实践，2021（13）：1-6.
②杨小微. 参与、赋权、互动：现代学校的治理特征[J]. 江苏教育，2018（42）：1.

银川、西宁和杭州。

（2）追求优质均衡

2021年底，我国2895个县全部通过基本均衡发展认定，实现义务教育基本均衡发展。我国全面建成小康社会后，如何更好地实现优质均衡的发展显得尤为重要；教育的优质均衡离不开"公平"和"质量"，如何让每个学生、家长对教育有更好的体验，如何多方协同办好教育成了新时代的难题。党的二十大报告提出，坚持以人民为中心发展教育，加快建设高质量教育体系，发展素质教育，促进教育公平。集团化办学在各地丰富实践的基础上不断加快改革稳步推进。2022年6月，浙江省提出要"忠实践行八八战略，坚决做到'两个维护'，在高质量发展中奋力推进中国特色社会主义共同富裕先行和省域现代化先行"。杭州市紧接着出台了《杭州市"美好教育"共同富裕行动方案（2021—2023年）》和《关于推进"美好教育"共同富裕，促进山区4县基础教育优质均衡发展行动方案》，谋划打造高质量发展建设共同富裕示范区城市范例的教育样板，以集团化办学为主线，担起了推动教育领域共同富裕的政治责任。

2. 集团办学"新格局"

新时代教育的主要矛盾表现为人民不断增长的教育需求与教育发展不充分不均衡之间的矛盾。政府需要努力提升质量补齐短板，努力实现办好每一所学校的目标，让更多的孩子都"乐意上家门口的好学校"，同时，积极探索新型学校系统治理模式，构建新型学校教育体系，为集团可持续发展拓宽道路，在此基础上为学校发展植入新的动力机制。

随着杭州城市发展转型步伐不断加快，主城区与萧山、余杭、富阳3区的深度融合，市民对优质教育资源的需求日益增长，这给杭州教育带来了全新的挑战。在这一背景下，杭州审时度势，开始迈入以"跨域突破、县域盘活、师资融通、技术带动、治理跟进"为主要特征的新名校集团化办学之路，以提升家门口学校的发展力、辐射力和人民群众的教育获得感。为此，杭州市建立城区与山区4县共建共享优质教育资源的常态化机制，通过集团化办学来整体推进山区4县教育跨越式发展。新时期的集团化办学，多方携手，多级跨越，从理念共享、资源共享、管理共享、成果共享入手，实现城乡学校优势互补、相互促进、共同发展。

三、国内外集团化办学的对比启示

从国内外的历史进程看，集团化办学的兴盛是时代的发展使然。无论是国外还是国内，集团化办学对于促进义务教育均衡发展、提升义务教育的质量有着重要的时代意义。但国内外在政治背景、社会经济等不同因素的作用下也有自身集团化办学的独特性，在分析共性和个性的基础上，才能明晰未来集团化办学如何走高质量发展之路。

（一）国内外基础教育集团化办学的相似性

社会发展的公平性以及社会进步的潜在空间都会因为基础教育发展失衡而受到很大的制约。经济发展不均衡是造成这种现象的根本原因，同时，在这样的社会背景下，集团化办学呈现出的形态也应是多样化的。

1. 集团化办学溯源：基础教育的不均衡

基础教育均衡化是一个备受重视的世界性问题，即使在欧美、日本等发达国家，因地域、种族、政策或历史因素等原因，校际教育不均衡的状况也持续存在。[①]虽然美国1960年至1980年的教育政策致力于追求公平，然而教育的不公平却并未消减。[②]克林顿当政期间，民主党与共和党在教育改革的争论中催生了"公校私营"，教育集团伴随着"公校私营"运动开始涉足公立学校管理，"公校私营"的背后是一种基于市场的学校变革。而英国在布莱尔政府上台后，薄弱学校普遍存在管理效率低下、教学质量不高、学生学业成效低等问题。在这样的社会背景下，联合学校孕育而生。后期在联合学校的基础上，英国构建了"自我改进的学校系统"，也就是"教学学校联盟"。英国的集团化办学是使得基础教育资源均衡配置程度得到有效提高的一项重要变革。

随着我国全面进入小康社会，各地区之间的经济差距正在逐步缩小，社会发展也更加和谐，教育失衡问题（如"择校热""炒学区房"）是此过程中必须要解决的问题。人们对于优质教育资源的选择需求日趋迫切，面对社会发展的更高层次的要求，教育领域需要做出积极回应。集团化办学自开始以来，在很大程度上突破了教育扶贫的局限，这种集约化的管理方式不断扩大名校的影响力，促进了教育资源在一定区域内的优化配置，是一种

---

①任英杰，徐晓东．校际协作联盟：面向教育均衡发展的价值思考与构想——来自英国"连锁学校"的启示[J]．远程教育杂志，2011(3)：34-38．
②王晓晨．美国集团化办学研究[D]．华东师范大学，2015．

组织与制度上的创新。

2. 集团化办学模式：呈现出多元化分类

集团化办学的健康发展也离不开多样化的办学模式。美、英、中三国典型的集团化办学模式有不同的分类标准，如扩张模式、管理模式、治理模式等。

美、英、中三国典型的集团化办学模式

国家	典型集团化办学模式
美国	传统公立学校接管模式、特许学校复制扩张模式、双维度混合管理模式等
英国	跨学段连锁学校、规模型连锁学校、绩效型连锁学校等
中国	名校集团化办学、城乡教育统筹发展、学区化集团办学、教育联盟等

当前，美国集团化扩张模式主要有3种：第一种是传统公立学校接管模式。目前，美国的基础教育集团中只有1家营利性教育集团和3家非营利性教育集团管理传统公立学校。第二种是特许学校复制扩张模式。特许学校具有良好的声誉以及充分的教学资源，有关教育集团甚至可以在下面建新特许学校，并且兼容已经承包了的特许学校。第三种是双维度混合管理模式。和传统的教育集团相比，部分机构会将公立中学以及特许中学进行混合管理。英国连锁学校在发展过程中也形成了很多种联合形式。2009年，一份对122所连锁学校的调查显示，小学和中学进行联合的"跨学段连锁学校"最多（占35.1%），超小型和中小型学校联合的"规模型连锁学

校"次之(占 18.8%)，而低水平和高水平学校联合的"绩效型连锁学校"也占到 15.6%。

我国的集团化办学模式也呈现多样化的状态，其中有杭州模式(名校集团化办学)、重庆模式(城乡教育统筹发展)、上海模式(从精准托管到学区化集团办学)、苏州模式(项目化推进多头并进)等。杭州的名校集团化强调"教育集群"概念，由教育主管部门主导，集群内优质学校牵头，汇集了一个地区的各种教育资源并实现其优质资源的共创共享。

(二)国内外基础教育集团化办学的差异性

提及中、美、英三国集团化办学的不同，很容易让人联想到三国的社会大环境，包括不同的政府角色、法律制度、市场运作等。不可否认，硬性的社会环境差异对集团化办学具有重要影响，同时也需要看到这些差异背后的深层逻辑。

中、美、英三国的集团化办学差异性对比

对比要素	中国	美国	英国
办学目的	共同富裕背景下，公共教育服务均等化	提升义务教育质量，迎合市场经济需求	提升义务教育质量，迎合市场经济需求
运行形式	政府、学校协同运作	三方运作，优胜劣汰	联盟学校，以强带弱

1. 集团化办学目的差异

国内外的集团化办学虽然在一定程度上都由基础教育不均衡而引发，

但两者在办学目的上还是存在显著的差异。我国是社会主义国家,始终把人民群众的利益放在第一位。习近平总书记多次强调教育必须坚持以人民为中心的发展思想,不断促进人的全面发展、全体人民共同富裕,教育是国之大计、党之大计。[①]人民群众最关心的直接利益问题就是教育,教育是实现社会公平最基本的途径。因此,我国基础教育的集团化办学目的就是在共同富裕背景下实现公共教育服务的均等化。英、美两国都是由于效率低下与不公平的公立学校系统引发公众不满,为了提升教育质量而采取的改革,同时迎合了当时市场经济的需求。因此,我国与英、美两国在办学远景目标和底层逻辑两个方面有着截然不同的差异。

（1）为更多人民谋福利

在国家推动经济社会高质量发展的大背景下,国家呼应百姓和时代的需求,推动教育变革。手段虽然多种多样,但在我国各地被普遍接受并大力实施的是集团化办学。我国的集团化办学虽然发端于民办,但迁移至公办后,在义务教育阶段,发挥了重要的作用。它满足了人民日益增长的对美好教育的需求,缩小了差距,补齐了短板,让更多的孩子都能获得高品质的教育。像英、美等国还是存在着精英教育的"烙印",高质量的教育资源大部分还是集中在私立学校,公办集团化办学在一定程度上提高了整体国民的底线水平,但只"填谷",不"削峰",更多教育集团学校在市场经济的环境下"优胜劣汰",其追求的教育质量是在市场经济中得以存活的"生命线"。在这点上,我国基础教育集团化办学体现的是为更多人民谋福利,而

---

①坚持中国特色社会主义教育发展道路 培养德智体美劳全面发展的社会主义建设者和接班人[N].人民日报,2018-09-11(1).

非美、英两国的单纯资本运作。

（2）破除原有阶层固化

缩小贫富差距、打破社会阶层的桎梏、增强社会阶层流动性成为当前中国社会经济发展的重要课题。有专家认为，教育在提升社会阶层间流动性和加速社会分层中具有突出的作用。因此教育是党之大计，也是国之大计。自20世纪90年代末高等教育大规模扩招之后，接受高等教育的适龄青年的绝对数量大大增加。但是不同阶层背景、家庭背景、城乡背景的学生进入高层次学校的机会却大不相同，这种差异可以追溯至基础教育，因此义务教育阶段的集团化办学在这个意义上说为"寒门出贵子"提供了更多的机会。现今党政机关、高校和科研院所的许多干部和学者都来自当年的贫寒农家，他们通过知识改变了命运，彻底实现了身份的转换。虽然在新时代，"拼爹""拼妈"等网络热词仍未消失，但是不可否认的是，我国集团化办学相较英、美两国，在进一步加大社会底层向中间阶层以及更上阶层流动、破除阶层固化方面，起到了更大的作用。

2. 集团化办学立法差异

三国所处的法律环境不同，因此在立法上存在先后的观念问题。美国的特许学校立法先于特许学校实践，并指引着以特许学校为核心的集团化办学，在给予其约束的同时也赋予保障；英国中小学"联合学校"的组建和发展在法律层面有明确的规定。而我国的中小学集团化办学的理论和政策相对滞后于实践，在实践基础上制定政策文件，"先动"带动"后动"，因此在集团化办学的过程中，各地可以因地制宜，不一刀切，全国性的法律文本相比英、美两国还较少。

我国的集团化办学政策相较美、英两国，呈现发端基层、兴于改革的特色。我国的集团化办学最开始由民营机构全权主导，职业教育集团化办学的成功为基础教育阶段普通教育的改革提供了可借鉴的办学模式。2012年，《国务院关于深入推进义务教育均衡发展的意见》把集团化办学作为国家促进义务教育均衡发展的一项政策措施。2017年，中共中央办公厅、国务院办公厅印发《关于深化教育体制机制改革的意见》，把集团化办学上升为党和国家号召的一项重要的办学体制机制改革，覆盖各级各类教育。当改革被证明有效后，集团化办学被纳入国家层面，进一步扩大试行的区域。在基础教育的集团化办学中，县级政府是探索集团化办学的主体，国家、省级层面在探索过程中起到方向指引作用，而市一级政府起承上启下的作用。

3. 集团化办学运行差异

三国在集团化运作的具体过程中也存在较大差异。美、英两国对集团化办学的界定是"为了促进教育的优质均衡发展、实现组织特殊教育使命，同时基于业务发展、市场扩张或竞争的需要，通过契约方式进行新公立学校创建、公立学校校际联合的经营过程"。即集团扩张方式是创建或校际联合，集团内部治理模式是经营的计划、保障、管理三维度，中间通过契约进行约束与保障，所以在运作模式上，其本质还是三方运作。我国集团化办学主要有以优辅弱、联合办学与委托办学3种主要方式，在政府、学校等多方协作下运行。

此外，三国所处的市场发展情况不同。美国集团化办学依托的是有序的教育市场，将市场竞争引入教育领域，由市场"调节"教育。英国在发展"刚性管理"模式的连锁学校时，建立了经费共管的体制，实行了共同预算，这使得非正式合作模式也可以通过分层的形式在最低限度上实现项目拨款的共享。①而我国历经了公办、民办转制的巨大变革，在共同富裕的大背景下，集团化运行虽然也受市场运行的影响，但更重要的是需要国家的政策指引、健全的制度保障以及区域优质的办学力量等多方面的配合。

（三）国内外对比对我国集团化办学的启示

新时代赋予集团化办学新的使命，即要在推动一体化发展的同时，实现集团深度发展，让所有学校高质量发展。学校教育质量是一个十分复杂的概念，受多方面因素的影响。集团化办学作为一种重要的办学形式，要推动其高质量发展，不仅要符合普通学校发展的内涵特征和一般要求，更要符合集团化办学的特殊要求。有学者提出了"四性"（整体性、自主性、专业性、创新性）和"四化"（规范化、多样化、个性化、动态化）的内涵特征②，并构建了集团化办学高质量发展的指标体系③，形成了以"发展目标""资源整合"等7个方面为一级指标的评估体系。

---

① 阚阅.推进基础教育均衡发展的新尝试：英国"连锁学校"的政策与实践[J].比较教育研究，2010（5）：28-32.
② 尹玉玲."十四五"时期基础教育集团化办学高质量发展的思考[J].教育科学研究，2022（10）：24-25.
③ 尹玉玲."十四五"时期基础教育集团化办学高质量发展的思考[J].教育科学研究，2022（10）：26-27.

专业发展 —— 师资建设

有法可依
经费保障
编制政策 —— 政策保障
激励政策
授权放权

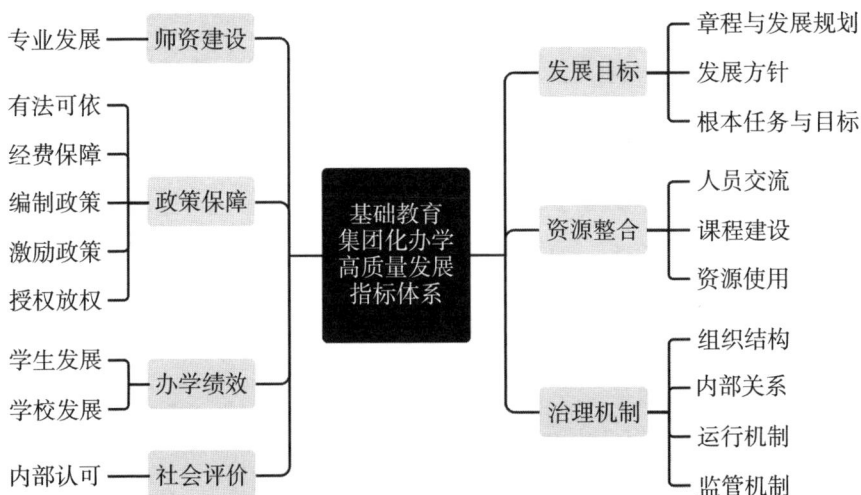

基础教育
集团化办学
高质量发展
指标体系

学生发展
学校发展 —— 办学绩效

内部认可 —— 社会评价

发展目标 —— 章程与发展规划
发展方针
根本任务与目标

资源整合 —— 人员交流
课程建设
资源使用

治理机制 —— 组织结构
内部关系
运行机制
监管机制

基础教育集团化办学高质量发展指标体系

《中共中央关于制定国民经济和社会发展第十四个五年规划和二〇三五年远景目标的建议》提出要"建设高质量教育体系"。为实现共同富裕的目标，教育高质量发展势在必行。结合国内外基础教育集团化办学的异同点，我们要不断思考集团化办学高质量发展的"导航图"。

1. 坚持新发展理念，持续引领集团化办学高质量发展

在教育发展的新征程上，要坚定不移地贯彻落实新发展理念，构建新发展格局，实现教育更高质量、更有效率、更加公平、更可持续、更加安全的发展。集团化办学要坚持以提高质量为核心的教育发展观，促进学校内涵发展，把办学初衷逐步回归到满足人民群众对多样化、高质量教育的现实需求上，促进每一位受教育者的多元发展。

2. 坚持系统观念，多方助力集团化办学高质量发展

集团化办学需要运用系统观念，加强前瞻性思考、全局性谋划、战略性布局、整体性推进。多元主体参与教育集团治理，通过引入"治理"理念、伙伴关系，有效整合和利用区内以及区外的社会资源来解决教育问题，形成教育集团共同体格局。各级教育行政部门应给予集团化办学政策、经费、师资等多方面的支持，同时建立学区内资源共享平台和区域协同联动发展机制。

3. 坚持深化改革，不断推动集团化办学的机制创新

从教师发展层面，制定完备的师资编制和职称定额调配制度，统筹编制，以保证集团教师的合理配置，最大限度地调动教师的工作积极性。突破现有的教师绩效工资制度，进一步发挥绩效工资的激励作用。从学生发展层面，创新人才培养方式，完善集团内人才联合培养和贯通培养通道。从政府层面，及时跟进制定集团内干部教师交流轮岗的系列配套政策，并加以支持。

4. 坚持依法治校，进一步规范集团化办学行为

国家层面加快学校法的立法工作，将集团化办学这一特殊的办学形式纳入法律范围。各级政府进一步加强对公办学校集团举办民办学校和民办学校集团举办非营利性学校办学行为的规范。各地方教育行政部门要加快推进和落实《关于推进中小学集团化办学的指导意见》，特别是要在集

团办学的关键环节和制度上加强约束，积极探索集团学校进有所需、退有所据的动态管理机制，坚持"一校一案"。

5. 坚持督导评估，激发集团可持续发展的内生动力

为了促使集团化办学良性发展，需要建立一套完善的督导评估机制。首先，在督导机制建立前根据《教育督导条例》，科学架构方案。其次，要构建监督工作中的多部门协作，建立1个集团组、N个学校组、单独的观察组以激发各个层面的积极参与，并将考核的成果与集团的年度业绩相结合，同时从多个角度对学校进行科学的评估、全面的分析，以实现学校内部和外在的协同发展，达到全面推进地区教育一体化的目的。

集团化办学的西湖实践

　　国家的体制不同,教育的样态也不相同。无论在何时何地,教育都是首要的民生工程,追求优质的教育是世界人民共同努力的目标。杭州市西湖区基于人民对优质教育需求"井喷"的实际,以集团化办学改革为抓手,全面构建高质量、区域均衡、公平优质的教育生态环境,满足全区学生在家门口享受优质基础教育的需求,实现教育全域优质发展。西湖区集团化办学经历名校教育集团、紧密型教育共同体、区域教育联盟等样态,促进优质教育资源的裂变和蝶变,让区域内每一所学校都拥有持续生长的力量。

资料链接

西湖区概况

西湖区是浙江省委、省政府的所在地,是杭州高水平打造共同富裕示范区的首善之区,是杭州传统文教大区和高新技术产业开发区。西湖区占地312平方千米,辖区内生态环境优质,旅游资源丰富,拥有西湖景区、西溪国家湿地公园等AAAAA级旅游景区。区内高等院校林立,人文历史浓厚,拥有浙江大学、浙江工业大学、西湖大学、国科大杭州高等研究院、浙江音乐学院等高等院校。

西湖区教育概况

西湖区是浙江省教育强区,是全国公办教育集团化办学的发源地。西湖区教育体系全、优质资源多、队伍素质优、特色品牌响、群众认可度高,现有幼儿园84所、小学53所、初中23所、九年一贯制学校4所、十二年一贯制学校2所、普通高中5所、重点职高1所、特殊教育学校1所、直属单位7个,教师1万余人,学生14万余人。全区有正高级教师22人,在职省特级教师37人,市级及以上优秀教师1200余人。近年来,西湖区牢牢锚定"一高三全"目标,怀揣"让更多的孩子乐意在家门口上学"的愿景,用心用情办好人民满意的教育。西湖教育连续六年被评为浙江省教育工作业绩考核优秀单位,被小康杂志社评为中国公平教育百佳县市榜首。

　　1999年，杭州市西湖区求是小学试行"连锁办学"，在全国最早开启义务教育公办名校集团化办学的探索。2002年10月，经西湖区人民政府批准，杭州市求是教育集团正式成立，成为全国首个公办基础教育集团。2023年，在西湖教育人持续努力下，名校集团化办学呈现名校教育集团、跨区域集团、城乡教育共同体、区域教育联盟校等诸多样态。西湖区教育集团化办学秉承"让更多的孩子乐意在家门口享受优质教育"的理念，促进教育向优向上发展，激活区域发展活力，保持西湖教育的健康发展、高位发展和生态发展。

2002年12月，杭州求是教育集团成立仪式举行。

　　纵观西湖区集团化办学的概况，大致可以分为三个阶段。集团化办学1.0的主要特征是以名校教育集团开办分校，以品牌老校带动新校的方式，通过优质教育资源注入新办学校，实现新旧学校之间的教育高质量、均衡化发展；集团化办学2.0的主要特征是形成紧密型教育共同体，通过城乡间学校的帮扶和结对，建立弱校补偿机制，促进区域内教育资源的动态平衡；

集团化办学3.0主打区域教育联盟，本着"同区域""同类型""同主题""同特色"等原则构建教育联盟，构建统一标准，发展学校特色，注重激活学校和教师的内在潜力，通过各种联动方式，促进人员流动、资源调配，推进集团化办学全域高质量发展。当下，西湖区的集团化办学呈现多样态、多模式的共生局面，立足学校实际需求，针对周边具体状况，灵动性选择适合学校发展的集团化办学样式。挖掘学校内在特色，激活教师内生潜力，加快教育资源的良性流动，推进西湖教育的全域高质量发展。

一、集团化1.0——培育名校教育集团

让更多儿童享受优质教育是集团化办学的起点。随着社会经济的不断发展、人民生活水平的不断提高，人们对教育也提出了更高的要求。让孩子接受尽可能好的教育，让孩子通过教育获得更好的发展，成为家长们的共同目标和理想。

（一）名校教育集团兴起的背景追溯

20世纪90年代，《关于加快杭州城市发展的若干意见》正式出台，杭州城市化建设按下"快进键"。西湖区在短短几年内新建超过300万平方米的住宅区，聚集超过15万人的居住人口，同期规划10多所中小学、幼儿园。城市周边兴建住宅小区的配套学校，拥有良好的硬件设施，却缺乏优质的教育资源。相比之下，西湖区有多所久负盛名的名校，有着丰富的办学经验，形成丰厚的教育文化，在本地区具有强大的影响力。随着城市化建设的发展，城市区块被重新调整，名校学区内的适龄儿童逐年下降。老城区优质

名校教
育集团

紧密型教　　区域教
育共同体　　育联盟

● 多模共存,优质共生

名校教　　　　紧密型教
育集团　　　　育共同体

区域教
育联盟

区域联盟　同质联盟
项目联盟　成长联盟

● 集团化办学 3.0
　　2019年

名校教
育集团

紧密型教
育共同体

协同式共同体
统一式共同体
托管式共同体

● 集团化办学 2.0
　　2012年

名校教
育集团

● 集团化办学 1.0
　　1999年

老名校＋新校
新集团＋新校
新母体＋新校

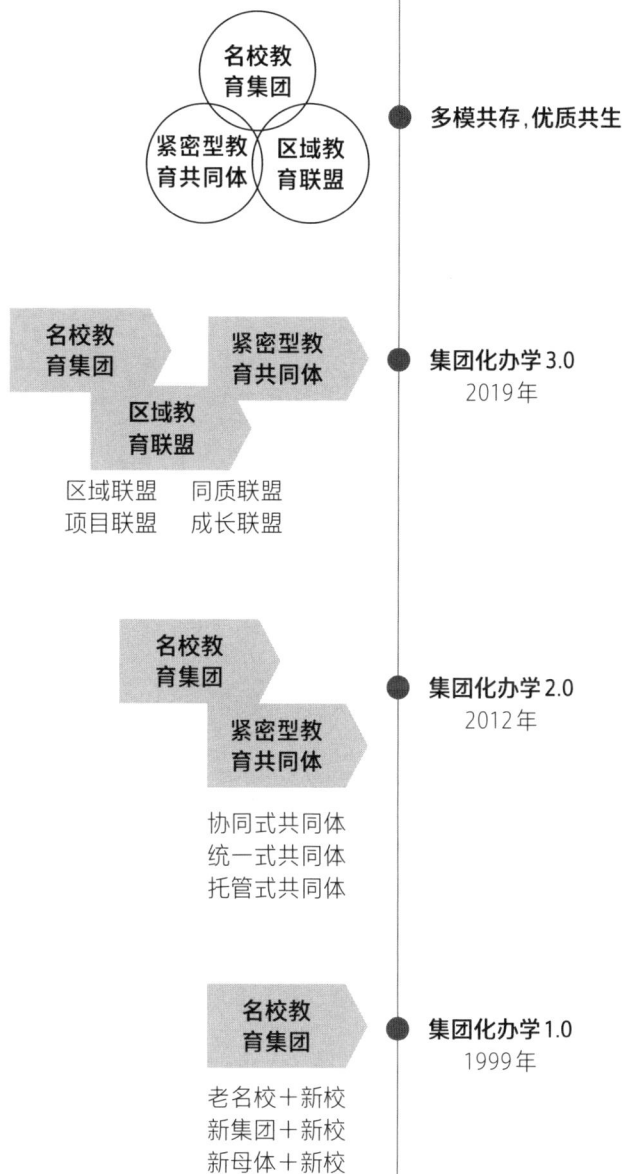

西湖区集团化办学进程图

教育资源的半开发，新城区教育资源的未开发，新兴住宅小区配套学校的办学质量得不到家长的认可，导致择校之风盛行，严重影响教育公平化。为了进一步加快基础教育均衡化、优质化进程，需要扩充名校优质资源，实现优质教育平民化、普及化，让更多的儿童接受更好的教育。

伴随杭州城市建设的快速发展，西湖区的商住区逐渐向西部扩展。为了快捷而有效地改造薄弱学校、提升新建学校的办学质量，从根本上破解择校问题，1999 年，杭州市名校求是小学接管了位于城西蒋村商住区竞舟路的配套新学校。2000 年，求是小学接管星洲校区，教育集团初见雏形。2002 年，在 3 个校区的基础上，求是小学率先成立了以实现基础教育均衡化为目标的公办基础教育集团——杭州市求是教育集团，开创了全国首个名校集团化办学的先河。通过集团化办学，"求是"扩大了优质教育资源，使更多的儿童在家门口就能享受到"求是"教育，有力地推进了区域内的教育均衡化发展。

（二）名校集团化的常见样态

名校集团化办学成为公办基础教育集团化办学的主导形态，以名校作为集团化办学的主体，通过名校的教育资源的输出，推进区域教育均衡高质量发展。名校集团化办学主要呈现以下 3 种样态，即"老名校＋新校""新集团＋新校""新母体＋新校"。

西湖区名校集团化的常见样态

样态	模式	样例
老名校＋新校	名校接手配套学区学校	求是小学＋竞舟小学 学军小学＋紫金港小学
新集团＋新校	名校组建集团,集团接手配套学区学校	求是教育集团＋和家园小学 文三教育集团＋定山小学 十三中教育集团＋嘉绿苑中学
新母体＋新校	名校从集团中分离后形成新母体,新母体接手配套学区学校	竞舟小学＋竞舟二小 星洲小学＋星洲二小 文理小学＋文理二小

1. 老名校＋新校

"老名校＋新校"是最早出现的集团化办学样态,也是比较常见的集团化办学样态。1999年,求是小学试行"连锁办学",接管竞舟校区和星洲校区,采用的就是该模式。学军小学接手紫金港校区和之江校区采用的也是该模式。"老名校＋新校"的优点为扩张速度快,名校直接入手,见效也快。很多房地产开发商为了促进房产销售和获得广告效应,直接根据学校规划的规模和类型,在建设小区时同步兴建学校,完工之后直接进行交付。

2. 新集团＋新校

名校接手新校后,组建成教育集团。教育集团经过几年的发展,再接手新的学校,扩充集团成员。求是小学接手竞舟、星洲两个校区后,组建求是教育集团。经过多年的发展,各个校区教学质量已经较为均衡,实力有了大幅提升。在此基础上，接手求是和家园校区，从三校抽调骨干力量，接手新校区。文三教育集团接手定山小学、十三中教育集团接手嘉绿苑中学都是该样态。集团本身规模较大，人员较多，由集团接手新校，对原来校区影响较小，并且对新校区的支持力度也更大。

3. 新母体＋新校

名校集团化经历快速发展之后，集团内各个学校实力显著增长，将综合实力强、能独当一面的学校从集团中脱离出来，形成新的名校，再由新名校（新母体）去接手新学校。例如，求是教育集团竞舟校区、星洲校区于2013年从母体中脱离，两校分别接手竞舟二小和星洲二小，文理小学从文三教育集团独立后，再接手文理第二小学。新母体学校接手新学校，完成名校集团办学的二级迭代。

（三）名校集团化的机制保障

名校输出品牌、办学理念、管理方式，组建名校教育集团。以名校为龙头，在学校管理、制度建设、教师发展等方面实现统一规划、统一管理。以龙头学校为引领，扩大了优质教育资源在区域内的覆盖面，助力办学机制、学校管理、学校文化、教师发展等方面的变革，在最短时间，以最快速度，解决区域内优质教育均衡发展问题。

1. 集团领导机制：点线结合，核心统一

建立以集团总校长室为核心的领导机制，统筹集团内部各项工作。教

育集团设置统一法人,各分校区不设法人,总校长作为集团法人代表,统一管理集团各方事务。教育集团各校设置统一的领导班子,班子成员根据工作需要在集团各校进行流动办公。各校区设置校区负责校长,具体负责校区日常事务,校区负责校长由集团总校长或副总校长兼任。分别任命分管德育副总校长、分管教学副总校长、分管后勤副总校长等,分线管理集团的相关事务,校区负责校长可兼任分管副总校长。通过点线结合的方式,将集团各项工作打通处理,促进教育资源的有机融合。

2. 顶层规划机制:相同架构,目标统一

将名校的优质教育资源向新学校输出,短时间内促成新学校的快速发展,相应地使学校整体资源得到优化,扩大优质教育资源规模。发挥管理的规模效益,增强管理的专业化程度,保持集团化管理的高效精简。采取扁平化管理模式,在学校日常管理中,增强决策的专业性,确保学校决策层和执行层紧密联系,减少管理中间环节,提高管理效率。降低管理层次、简政放权、统一指挥、消除内耗,使集团内部管理更加专业化、现代化、标准化、制度化。

3. 管理标准机制:规范要求,标准统一

通过制度落实行动,采取标准化的工作流程,保证集团内多个学校的教学质量。集团内部采用同一标准进行管理,促进各个学校的均衡发展。构建并遵从完备的制度管理体制,开发校园信息平台、内部管理平台、家校联系平台、教学资源管理平台,为集团实施扁平化管理提供技术平台和支持。利用动态细致的管理制度,将教学活动的进度安排下放给广大教师。当一线教师拥有广泛的自主权时,学校的民主化管理成为可能。

4. 教师发展机制:资源共享,发展统一

发挥集团化学校人员多、齐聚力的先天优势,成立集团大教研组,集中力量完成更具有挑战性的任务。充分共享集团内部共同开发的资源,为教师成长提供助力。复杂任务进行合理分工,减轻教师负担,提升教育教学品质。加强学校之间的交流,鼓励教师之间充分合作,包括同校教师的合作、师徒之间的合作、各校区教研组长的合作、不同校区同年级教师的合作、不同校区同训练队的合作。通过教师的校际交流,激活教师的内在潜能,让教师在集团内部流动起来,创设新的环境、新的机会,促成新的发展。

纵观西湖区的名校集团化办学历程,名校集团化规模由小到大,形式由单一到多元。名校集团化办学起步于小学,逐渐扩散到中学、幼儿园、九年一贯制学校。集团化学校各校区从依托名校母体到能够独当一面,名校集团化下属各个校区从最初的依存关系到并行发展,最后从名校集团中独立出来,形成新母体学校,由新母体学校再接手新学校。名校集团化从管理制度层面的迁移走向文化传承和人才挖掘,从名校接手新校到集团接手新校,再到多集团联手接手新校,推进路径由合到分,再由分到合。如今,西湖区的名校集团化办学各种样态同时存在,根据学校的发展及时调整样态,助力名校集团化办学永葆青春。

二、集团化2.0——紧密型教育共同体

习近平总书记指出，教育决定着人类的今天，也决定着人类的未来。义务教育在国民教育体系中处于基础性、先导性地位，必须把握好定位，全面贯彻落实党的教育方针，从多方面采取措施，努力把我国义务教育越办越好。集团化办学在优质教育有效拓展、优秀教师交流共享机制探索、素质教育创新发展等方面取得了优异成绩，有力助推了教育高水平均衡发展。

（一）紧密型教育共同体的背景追溯

西湖区总面积312平方千米，既有主城区又有城郊接合部，还有农村地区，西湖区的农村中小学学校超过20所。如何实现城乡教育均衡，是西湖区教育亟待解决的问题。随着经济社会的发展，三墩、蒋村、留下、之江、双浦等新区建设大力推进，进入西湖区的各类人才、外来务工人员不断增多。大量"新城市人"带来了文化背景、生活方式的差异，产生了多元化教育需求。2012年，浙江省教育厅要求各地合理划定中小学学区，努力把公办中小学择校率降到5%以下或在原有基础上大幅度下降。接着，杭州市教育局制定了《主城区2012年初中、小学招生办法》，明确要求不能招收择校生。"零择校"政策带给教育行政部门最大的压力，就是要办优质均衡的学校，满足广大群众让孩子接受优质教育的需求。

西湖区创造性地提出紧密型教育共同体模式，通过主城区名校与边远弱校之间结对，形成教育共同体，实施共同的绩效考核、共同的绩效奖励、

2011年9月，西湖区紧密型教育共同体授牌仪式举行。

共同的进退机制。紧密型教育共同体旨在统筹城乡教育资源，以品牌化带动教育资源的优质化、均衡化，突破现行体制、机制下学校人、财、物等资源难以跨校流动的瓶颈，实施捆绑式共同发展，加大农村学校或受援学校的内涵建设力度，实现教育均衡发展。

（二）紧密型教育共同体的常见样态

紧密型教育共同体，不是削弱名校的优质资源来"均衡"薄弱的学校，而是以"分享合作，高位发展"为根本目标，创新区域义务教育均衡发展机制。在区域内达到教育均衡、持续、高效发展，让更多的孩子在家门口享受优质教育，实现教育公平。打破各自为政、自成一统的办学格局，通过建设管理相鉴、文化共建、师资共享、研讨联动的"大家庭"，真正实现名校与农校的互助。

1. 协同式共同体：保留主体，管理协同

综合分析区内学校的人力资源储备、学校管理水平、社会声誉、办学经验、办学特色、教育质量等综合因素，确定领衔校。结合区域内教育差异特点和校园文化背景，综合考虑学校管理水平、教育质量、社会影响等因素，确定成员校。领衔校根据实际状况，选派优秀管理团队6至8人到成员校任职，负责指导帮助和管理农村学校的行政和教育教学工作，任期2至3年。领衔校派出的新校长有足够的行政权，对办学理念、办学目标、办学特色等主动进行全方位思考与运作。中层干部和骨干教师能深度介入受援学校管理和教育教学工作，在管理结构上形成校级领导、中层干部、教研组、教师间的上下呼应。

2. 统一式共同体：同一法人，两套班子

由领衔校校长兼任成员校校长，两个学校同一法人。根据管理需要，紧密型教育共同体配置两套班子，班子成员进行定期交流，自上而下形成统一式共同体。教育共同体要获得快速发展，共同体内部需要你中有我、我中有你，不分彼此。学校的第一责任人不同，彼此之间疏离感较强，教师之间流动、各类活动的安排都不太容易展开。同一法人、同一校长对两校的情况更为清楚，学校之间的帮扶也更有针对性，如竞舟小学和周浦小学、保俶塔实验学校和西溪实验学校等，同一法人下的紧密型教育共同体行动的一致性更高，各类工作更能落在实处。

3. 托管式共同体：团队进驻，跨域管理

由名校派遣管理团队接管新校的管理工作，将支援学校的管理制度、文化特征迁移到新校之中，促进两校协同发展。杭州市求是教育集团富春第九小学是西湖区求是教育集团和富阳区以紧密型教育共同体的发展模式合作开办的一所新学校。求是教育集团与富春九小以教育共同体发展模式开展合作办学，新校将继续传承求是的精神文化、制度文化与物质文化，融合富阳当地教育文化与特色，开启名校集团化跨区办学新篇章。

2021年11月，杭州市求是教育集团—富春九小紧密型教育共同体揭牌仪式举行。

（三）紧密型教育共同体的机制保障

通过优质资源的流入、嫁接和碰撞，全面提升受援学校的教育教学质量。实施差异合作，促进学校双方共融共赢。以现代学校评价理论为指导，以促进受援学校内涵式发展为目的，对紧密型教育共同体工作开展、办学理念与发展规划、学校组织与领导、学校文化建设、教师专业发展、教育教学管理、学生发展水平、公共关系与评价、学校特色等九大方面开展客观性的综合评估，以全面了解和把握受援学校的办学现状与水平。

紧密型教育共同体评估指标体系

一级指标	二级指标
A1：共同体工作开展（20分）	B1：搭建共同体运作机制（6分）
	B2：共同体工作有序高效推进（8分）
	B3：目标实现水平（6分）
A2：办学理念与发展规划（10分）	B4：理念与愿景（4分）
	B5：发展规划与实施（6分）
A3：学校组织与领导（10分）	B6：制度建设（5分）
	B7：管理团队（5分）
A4：学校文化建设（10分）	B8：信息化建设（3分）
	B9：整体校园环境（3分）
	B10：学生活动（4分）
A5：教师专业发展（15分）	B11：梯队结构（4分）
	B12：精神面貌（5分）
	B13：专业研训（6分）
A6：教育教学管理（20分）	B14：教学常规管理（6分）
	B15：课堂教学质量（8分）
	B16：学校课程体系（6分）

一级指标	二级指标
A7：学生发展水平（20分）	B17：思想品德（5分）
	B18：学业水平（6分）
	B19：身心健康（5分）
	B20：多元发展（4分）
A8：公共关系与评价（10分）	B21：外部资源（4分）
	B22：社会满意度（6分）
A9：学校特色（5分）	B23：特色项目（5分）

1. 多元管理机制：因需设置，适时调配

紧密型教育共同体的管理团队根据工作需求进行合理设置并适时调整，呈现其动态发展的特色。第一种样态，共同体两校为独立法人，领衔校校长和成员校校长分别担任共同体的正副组长，两校配置相对独立的管理团队。两校之间通过人员交流，促进资源共享，在教师发展、课程改革、社团建设、德育工作等方面深入实践，让薄弱学校全方位享受名校资源。此种共同体联动方式相对松散。第二种样态，共同体两校校长由一人担任，但两校管理团队相对独立，通过增加人员交流、统一管理制度进行深度交流。第三种样态，共同体进一步紧密融合，管理团队和教师彼此打通安排，两校合并为同一法人单位，紧密型教育共同体逐渐向教育集团靠近。

2. 主动发展机制：明确目标，激发潜能

在开展集团化办学过程中，西湖区始终注重强调和激发办学主体的积极性。在制度、机制、措施等方面展开系统梳理，明晰共同体两校的发展目标，激发共同体教师的内在潜能，将权力下放到学校，让学校根据实际情况主动作为、自主创新。西湖区一直秉承的优良传统是：薄弱校该由哪所名校作为母体实施集团化办学，教育局不做强行规定，而是采取公开方式，通过发布信息、申请报名、论证评估等程序，选定既有实力又有意愿的名校参与其中。通过集团化办学，老牌名校能有效破解发展瓶颈，学校文化能够推陈出新，而受援学校自身发展活力得到激发，取得了双赢的办学成果。

3. 行动分合机制：主线统一，分头落实

教育共同体以"0.8管理哲学"思想为管理指导思想，倡导自主管理文化，旨在探索结对两校的学校管理的核心和重点。追寻管理本质，注重教师精神激励，回归学校的人文本性。坚持共同体之间的定期主题学习，研究管理问题，汲取管理智慧，提高管理者个体和团队的学习力、思考力和文化力。共同体之间营造"尊重、信任、合作、激励"的管理文化，注重激发内驱动力。选派管理人员和骨干教师，进行两校教育教学管理交流和学生互动活动等，推动学校优质教育资源的辐射，获得共同发展。

紧密型教育共同体突破教育资源流动障碍，取得显著实践成效。教育共同体从结对互助为主要特点的松散型共同体，逐渐走向制度统一、文化协同的紧密型教育共同体。教育共同体通过活动融合、管理融合、人员融合等方式,促进共同体两校的深度融合,形成教育整体,促进教育资源的优化平衡。在行政管理团队的融合统一的基础上,西湖区通过创新实践名优教师交流共享机制,打造城乡紧密型教育共同体,为城乡教育均衡发展开辟了一条新路。

三、集团化3.0——构建区域教育联盟

全域优质的横向拓展即西湖区的每一所学校都要发展好,都要成为优质学校。全域优质的纵向发展即从幼儿园到小学再到中学,每个阶段学校的整体实力都很强劲。推出区域教育联盟办学,标志着集团化办学进入3.0时代。集团化办学3.0模式是一种以构建区域教育联盟为主,名校教育集团、紧密型教育共同体等多模共存、优质共生的办学新样态。

(一)区域教育联盟的背景追溯

新发展理念是"十四五"时期我国经济社会发展的指挥棒,集团化办学坚定不移地贯彻落实了新发展理念,推动教育更高质量、更有效率、更加公平、更可持续、更加安全的发展。集团化办学从单一样态向多模共生转变,集团共进逐渐从学校层面向学科层面和团队层面转变,从被动式的指派向主动式的申请转变。西湖区在教育优质发展上下功夫、出思路,通过组织推动的方式成立区域教育联盟,以学校自愿为基础,本着"同区域""同类型""同主题""同特色"等原则,成立"'泗乡之育'小学联盟""新西溪教育联盟""新优质学校联盟""翠苑'6+N'教师发展联盟"等13个区域教育联盟,涉及中小学校62所。各教育联盟成立后,聚焦共同发展需求,联动研

究教育问题,联合培养教师队伍,发挥研究合作、协同发展的作用,获得了教师流动与教育质量提升的双丰收。

区域教育联盟进一步发挥优质教育资源的引领作用,提升教育整体发展水平,让学生享受公平优质的教育。推进区域教育资源动态均衡,发展学校特色,激活教师潜力,创新管理体制,优化办学机制,提升办学品质。西湖区在深化集团化办学模式、探索教育均衡发展的基础上,更加重视学校教育质量的提升和优化。

2019年9月,西湖区名校集团、新一批紧密型教育共同体、教育联盟代表授牌仪式举行。

（二）区域教育联盟的常见样态

1. 区域联盟:因地制宜,抱团共进

区域发展联盟旨在通过多校协同、抱团发展,打破校际壁垒,缩小校际差距,实现区域内优质教育资源的辐射推广,推动学校优势互补和发展互促。其典型代表是"翠苑'6＋N'教师发展联盟"。该联盟由杭州市翠苑第

一小学、杭州市翠苑第二小学、浙江省教育厅教研室附属小学、杭州市育才教育集团、杭州市九莲小学和杭州市钱塘外语学校6所学校结成的发展联盟。"6"是指六校协同践行西湖教育人的使命担当。"N"是指形式多元、成效多样、辐射多维，共同探讨如何建设促进学校内涵发展的集群式课程，通过建设具有区域特色的课程开发、共享、配送机制，促进区域课程资源共研共享。区域联盟通过线上交流、线下面对面研讨、走校式互访等方式，突破特长专职教师资源稀缺的瓶颈，促进跨校多元化教研活动。例如，育才教育集团的体育教研项目、翠苑一小的无线电测向和3D技术、省教研室附小的书法特色、翠苑二小的青年联盟、九莲小学的动漫园特色等都可以相互借鉴，互补融合。

2. 项目联盟：校本研训，打造品牌

基于具体任务或项目组建的教育联盟，旨在合理共享彼此的教育资源和教育成果，让基础教育集团化办学变得更加健康、科学、合理。"校本研训"教育联盟分片区展开，通过强强联合引领区域教育发展脉络，创造出具有本校特色的校本课程。各学校从自身的特色发展出发，独立构建具有本校特色的课程体系，实现优质课程资源的再生。竞舟小学、星洲小学、嘉绿苑小学、文新小学、文理小学组成了新优质教育联盟，针对当下教育的重点、难点问题展开项目研究，探索在教育教学工作的最前沿。西湖区教育集团各校区间的教育教学质量差距逐步缩小，很多成员校都已经成为具有引领示范作用的新优质学校。教育局科学把握集团发展的时间、地域、边界，适时调整政策，对相应的集团进行再修正、再整合、再重组。

3. 同质联盟：横向互助，联动研究

同质联盟的各个学校在办学形式、学校特色、存在困惑等方面存在相似性，教师之间的沟通与合作也更默契。西湖区的"K9"联盟由4所九年一贯制学校组成，杭州市保俶塔实验学校与杭州市保俶塔申花实验学校原本隶属同一教育集团，杭州市浙江工业大学附属学校和杭州市西湖区第一实验学校属于农村学校，也是紧密型教育共同体的成员校。"K9"联盟给学校教师搭建了交流、研讨、提升的平台，帮助教师在丰富多彩的活动中拓展教学视野，在积极的实践学习中提升专业素养，在集体氛围的学习中提升教学干劲，在高屋建瓴的指导中感受前进方向。除"K9"联盟之外，"泗乡之育"小学联盟、"新西溪教育联盟"、"新优质学校联盟"等也是西湖区同质联盟的优质典范。

4. 成长联盟：纵向贯通，关爱衔接

学前、小学、中学……每个阶段都有独特的意义，每个阶段都要顺势生长，都是独特而不可复制、不可逆转的。儿童期是每个人身心生长最重要的阶段，适性成长将保障孩子的未来发展，要让优质教育伴随西湖人从幼儿开始的人生全过程。为此，西湖区组建纵向贯通、伴随儿童成长的"关爱衔接"教育联盟。以紫荆幼儿园、星洲小学、文华中学为例，紫荆幼儿园孩子走进小学体验小学教学活动，星洲小学学生走进中学校园，开展中小学衔接体验活动等常规衔接活动。3所学校还同享教育场地，共同展开教育教学活动，共同组织家校联动主题活动。孩子从幼儿园开始就接受来自小

学和中学的指引,确保中小幼在教学和生活等方面的衔接更为顺畅。

(三) 区域教育联盟的机制保障

1. 轮值主席机制:盟主牵头,共同协商

教育联盟采取轮值主席机制,由联盟中的各所学校轮流担任主席校。通过承办轮值、活动协商、主题导引、名师引领、全员卷入等各因素的组合,推动联盟结构性功能的不断完善。以制度保障为基础,联盟设置明晰的管理机制,有效促进各校内在力量的融合。联盟承办的活动由各校轮流主持,最大限度地增强每所学校的主人翁意识。新学校的加盟需要原有联盟全体成员的协商讨论,并遵守原有联盟的制度。每年联盟活动开展前,各校的领导班子召开协商会议,由承办学校提出联盟活动的研究主题、组织形式与实施办法等,所有成员校共同参与研讨和确认。活动结束后,联盟各校统一对活动进行复盘反思,对下一年度工作计划、活动方案和联盟重大事项进行讨论协商。

2. 文化共创机制:理念认同,愿景融合

西湖区的各个学校都有自己的教育文化底蕴和办学特色。区域教育联盟不仅在工作层面进行合作与交流,更需要在文化层面进行融合与创生。在尊重各校的发展历史、周边环境和已形成的办学特色的基础上,通过各类联谊活动,促使各联盟校实现共性与个性的有机结合,最终达到"大家不同,大家都好"的目标。通过多样态、多方式的推进,以"大空间、大调配、大整合"的方式全面盘活区域优质资源,全力补齐各校的发展短板。在区域联盟深度交流的基础上，联盟各校共同商议发展愿景，继承并创生更符合本校特质的教育发展理念、办学思想、校园文化、管理制度。在注入优秀外来基因的同时，也进一步促进本校原有教育文化的再生，从而孵化更多的优质品牌学校。

3. 资源共享机制：协同出力，全域开放

资源共享是集团化办学的重要特质，区域联盟作为集团化办学的新样态，完美继承了集团化办学的优势特征。联盟各校都有自己擅长的领域，也有自己的短板，只有充分共享区域内的优质资源，才能让各个学校的发展起点更为接近，降低发展阻力，为全域优质发展提供助力。西湖区各教育联盟在运行过程中，各成员校平等享有联盟内的课堂教学、校本教研、课题研究等方面的教育资源，形成共建共享的合作交流平台。例如，在评价联盟中，各成员校对本校的作业和试题进行系统梳理的同时，联合区域同盟校，针对具体单元和板块展开合作编辑、攻克重点难点，形成供大家使用的精品评价包。在共同使用优质资料的同时，也为资料库的构建添砖加瓦，为形成优质的教学资源贡献力量。

4. 名师共育机制：制度倾斜，跨校培养

师资力量是构成学校核心竞争力的技术力量，优秀的教师团队使学校成为吸引优质生源的"向心力"。名师资源是区域重要的教育资源，也是各类教育联盟得以顺利推进的关键因素。在区域联盟架构的基础上，发挥名师资源共享优势，实现教育联盟多样态的全面推进。在区域联盟的推进过程中,减少内耗,形成合力,共同助力名师的梯队成长。通过特级教师工作室、学科带头人申报、项目制名师工作室等手段,发挥名师的引领作用,达成区域名师资源的动态平衡。规范区域教师流动机制,加快推动名校优质教师资源向新校、弱校的辐射延伸。充分发挥名师的引领功效,促使名师资源从校际走向区域,扩大名师效益的辐射面。

西湖区的集团化办学注重局与校之间的资源统筹,重视微观的、不易分配的教育资源的合理配置,特别是在物的平等的基础上更加关注人的多元需要。注重校与校之间的合作发展,无论是名校集团化、紧密型教育共同体,还是教育联盟,都注重小依大、弱依强、优势互补、借力发展。更注重人与人之间的正向激励赋能,肯定、鼓励弱小学校的发展与进步,相信赞赏的力量,相信信任支持的力量,提升学校治理者的修养和良知,使其独立、主动、自信地承担岗位责任,用心做教育,进而赋能学校发展、赋能教师成长。

经历20多年的实践探索,西湖区所有中小学、幼儿园都享受到了集团化办学带来的福利,在集团化办学浪潮中快速发展,教学质量有了显著提升,步入强校行列。西湖区各校在集团化办学理念引领下,在追求卓越的过程中,学校之间教学质量差距逐步缩小,越来越多的学校成长为具有引领示范作用的新优质学校。各校基于集团化发展的时间、地域、边界,适时调整政策,关注集团化办学样态下的学校发展,尤其关注内在的文化建设和学校品牌。基于数据支撑下的各校优势和短板分析,为学校个性化发展提供支持。通过对学校全域工作展开状况和取得成效进行合理分析,教育局可以精准研判学校工作推进的状况。西湖区先后被确立为"浙江省小学生综合评价改革""浙江省数据驱动教育教学改革""浙江省深化新时代教育评价改革"等试点区，在全省率先开展区域教育评价改革的研究和实践，形成基于强组强科的学科融合、基于项目任务的教育联盟、基于教育共同发展的教育伙伴、基于教育盟约的区域团体，每个学校都有各自独特的集团化办学样态，发挥学校自身特色，破除教育同质化，形成百花齐放的区域教育生态。

集团化办学的话题讨论

　　集团化办学是当前推进教育高质量发展过程中不可忽视的现实热点问题,从单体学校管理到集团化办学模式的转变,面临着教育观念、治理格局、机制改革等诸多方面挑战。西湖区多校携手30余载,目前为实现更为适切的机制转型,须辩证审视集团化办学的不足与优势,持续探索与思考解决之道,满足人民群众对"在家门口上好学"的美好教育的真切期盼,助推优质教育资源公平惠及全体西湖人。

　　集团化办学发展图景的底色是教育公平,事关新时代下推进公共资源与公共服务均等化的进程。[①]20世纪90年代,西湖区以集团化战略的首创之举回应城市化进程的时代命题,构筑全域教育新格局。时值推进教育高质量发展的今天,区域有必要重新审视集团化办学的热议话题。基于多年来对集团化办学的实践探索与改革经验,我们梳理出以下几个话题进行讨论。

---

①杨安仪.集团化办学:教育资源配置的公平实践[J].教育探索,2021(10):15-19.

一、如何使上位政策与集团自主发展相契合

（一）学校主体性和区域推动力问题

如何以制度保障学校的主体性地位与区域的推动力相契合，成为锻造集团化办学机制不可或缺的一环。在以往西湖区集团化办学历程中，区域出台的多项上位政策以集团内部学校的办学样式、人事安排、师资力量为依据，为区域保持稳健的高质量发展提供了良好的办学条件。[①]然而，目前集团化办学出现流动性差、"被集团"、"集而不团、形集神散"等诸多基层活力不足的问题，学校自主发展的内生力未被充分激发。因此，集团化办学须切实处理好学校意愿与区域意志、学校自主办学与区域依法行政、学校发展机会的隐性公平与区域政策的显性公平3对关系，充分激发每一所学校的办学活力，激活区域的引领推动效能，实现学校主体与区域支持深度融合。

1. 基于学校意愿下区域意志的彰显

西湖区踏上集团化办学道路的最初动力是基层学校的发展意愿与办学需求，而后发展为教育行政部门的统一部署安排下的区域行动，可谓部分基层学校的主动性在集团化办学中率先发挥着基础驱动作用。[②]具体来说，单体学校应城市化进程的时代发展之需，结合发展现状与育人愿景，向教育行政部门自发申办教育集团，实现集团内部资源共享、校际教师互帮

①段恒耀. 论名校集团化办学的实践逻辑：基于布迪厄实践逻辑视角[J]. 教育科学，2018(5)：33-39.
②汪培新. 杭州西湖：全域优质背景下集团化办学的再思考[J]. 中小学管理，2022(5)：14-17.

互助，较大程度上规避单体学校"单打独斗""孤立无援"的弊端。以翠苑联盟为例，3所单体学校——杭州市翠苑第一小学、杭州市翠苑第二小学、杭州市翠苑第三小学，因呈现出规模较小、教师基数少等典型新校弱势样态，自发形成了翠苑区块联盟，连续开展"三校联片"教研活动，并在成长中开放吸纳了其他单体学校加盟，目前已经打造为"6＋N"翠苑联盟。

基于个别学校集团化试点行动取得实实在在的成效，区域着手规划覆盖全域的集团化办学改革，进一步激发区域其他学校加入集团化办学队伍的主动性，从而推动均衡优质教育整体发展。[①]自此，区域大力倡导以区域内一所优质品牌学校或者优质教育资源校为龙头，联动区域内其他学校组建教育集团，在治校模式、教师资源、评价体系等方面统筹管理，形成一种互助共赢的新型教育组织形态。

在学校意愿与区域意志的持续磨合下，全域对集团化办学的内在含义、运行机制、治理模式等生发出更多默契，塑造共同育人愿景，走出独具西湖特色的"教育共富"之路。由此带动了区域更多学校主动、热切地加入集团化队伍，逐步将区域局部帮扶行动推进为基于区域共性发展内涵的深度融合行动，更大程度上激发了每一所学校的内在驱动力，在西湖沃土上使优质均衡教育焕发出更强的生命力。

2. 基于自主办学下依法行政的支持

在集团化办学中厘清教育行政部门依法行政和集团自主办学的职权

---

①杨洲，田振华.基础教育集团化办学的内涵意蕴、发展现状及可能进路[J].中国教育学刊，2018(8)：54-57.

边界是处理好基层学校和区域关系的着手点。如果教育行政部门与学校之间权责模糊，可能带来教育行政部门对学校赋权不足的问题，容易陷于管得过多、过细的管理逆境，从而导致学校理念不明、自主性缺位，最终导致集团化办学受到学校创新发展乏力的限制。[1]诚然，这一矛盾背后也映射出区域对探索集团化办学教育治理现代化路径的深度需求。

因此，作为推进教育治理现代化的核心考量与标杆，集团化办学应积极稳妥推进区域与学校协作的各司其职、相辅相成。从区域层面上看，教育行政部门应坚定不移依法行政，"坚持放管服相结合"的重要改革原则和方向，即简政放权、放管结合、优化服务，实现管理重心下移，对集团办学践行"两不"原则（即不缺位、不越位），敢于放权给集团学校，将对集团办学的显性推动力转为隐性支撑力，并在必要时给予支持和反馈，起到统筹全局的作用。进而言之，依法行政是区域持续推进集团化办学的柔性感召力。当集团化办学发展到相对成熟阶段，区域在依法行政中可积极营造良好的办学文化氛围，驱动更多单体学校参与集团化办学。

从基层学校层面看，学校作为育人主阵地与国家办教育的最小管理单元，关系着集团化办学的真实效益能否落地。集团坚守自主办学理念，享有自主小学权，包括人事权、干部聘用权等，对人、财、物统一管理，实现学校"有作为、有担当、有行动"的自我完善，释放学校办学活力，从而保障学校主体地位，推动集团化办学真正成为政府倡导下学校系统内部治理体制的变革。[2]

①姜显臣，刘学智.新时代基础教育集团化办学的困境及其优化[J].延边大学学报（社会科学版），2020(6)：132-138.
②汪明.论基础教育集团化办学的"三化"问题[J].当代教育科学，2017(11)：30-32.

3. 基于显性公平下隐性公平的渗透

习近平总书记在党的二十大报告中指出，要加快建设高质量教育体系，发展素质教育，促进教育公平。在教育公平的前提下，区域保证教育资源高位均衡，提高教育资源的覆盖面，保障有形可视的显性公平和无形的隐性公平齐头并进，协同发展。[①]

显性公平即教育制度、政策上的公平，包括区域上位政策制定过程中平等地看待不同学校的发展规模、教师队伍人数、经费保障等可视化的教育资源，以行政力量统筹各类资源，推动缩小城乡教育差距和区域教育差距，缩短不同群体间的不平衡、不均衡差距。区域关注小规模学校，助推弱校、新校的发展。其中，2022年全域中小学校园基本完成护眼灯光改造，达到了智能照明覆盖率100%，实现教育基础资源统一配置。而隐性公平，指向学校发展机会上的公平，涉及地缘远近、教师经验、管理特点等学校相对微观和潜在的教育资源。相比而言，隐形公平指向更为高质量、多样化的优质教育资源，体现更为优质均衡的成长要求。集团化办学通过就近统筹名校和小规模学校，形成弱校补偿机制，有助于补齐教育短板，减少受社会发展阶段、家庭观念、经济水平等要素的制约，提供平等的发展机会，托举民族未来。

进而言之，教育公平的实现，更基于人心的稳定与信念，在集团化办学中大力鼓励、肯定小学校的进步与成长。教育公平不可简单等同于"一把

---

①安富海. 超越集体行动的困境：制度规约与重构边界——推进名校集团化办学的路径与方法[J]. 教育发展研究，2020(6)：78-84.

尺子"的标准或资源平分概念，其基本价值取向，实则是追求每一所学校内部"校与生""师与生""生与生""区域与生"之间的最佳适切度，须关注与协调人心与公平内在统一的关系，让每一位教育治理者在集团化办学发展中实现效率与公平的动态平衡。

（二）外部政策刺激与集团机制盘活问题

部分学校过度计较在集团化办学中的外在借力，即政府能为此"出多少政策、拨多少款、调多少人"，认为集团化办学的开展依靠增加更多教师人数或专项资金而产生更高效益。实则仅有政策、人力、物力保障不足以支撑集团化办学持续性的发展，须通过评价机制、均衡发展机制、管理领导机制，盘活自身，形成内生力，从而提高全域教育质量。重视外部政策刺激与集团内部机制盘活的高效合理协调。[①]

1. 立足绩效的生态评价机制

集团化办学中，区域将诊断性评价、发展性评价与终结性评价相结合，以动态、增量的视角对学校、校长、教师、学生展开切实评价。根据《杭州市西湖区教育事业发展"十四五"规划》，2021年开始，西湖区探索实施区域办学"5＋1"生态评价体系，即建立规范发展、学生发展、教师发展、绩效发展和创新发展等"五大发展"加"一校一报告"的学校生态评价治理指标体系，从环境效能、领导效能、反馈效能等维度测评学校发展过程和质量现状。健全校长管理评价改革，优化教师绩效评估机制，建立"全面质量、综

---

①颜嫦嫦. 义务教育集团化办学的模式、困境与出路[J]. 现代中小学教育，2016(12)：1-3.

合发展、身心健康"的五好学生评价体系,从而完成区域对学校、学校对教师、教师对学生的立体评估,突出教师队伍成长度、学生家长满意度、管理模式效能度等指标的提升,激发办学自信心。

2. 指向全域的均衡发展机制

优质均衡的教育资源是集团化办学的核心竞争力。区域深化杭州市提质强校行动,研制西湖区新优质学校建设实施方案,打造三墩、之江、留下、蒋村、文新等五大板块的新优质教育资源群,推动集团内部校际联动研究。基于此,区域在公共财政投入、教育政策出台等方面实施引领与扶持,也联动社会、集团核心校、集团成员校三线协同育人,实施特色学校培育行动,以生源地为依托,结合学生学习需求,规划"15分钟学习生活圈",即学生在15分钟步行时间内可到达第二课堂学习场域与服务设施的立体化环境。核心学校和成员学校分别挖掘多主题学习资源与形式[①],如亚运宣传进社区、"亲子和谐心"活动、"潮涌西湖·爱达未来"展演活动,并邀请集团内其他学校参与,打破地缘区块壁垒,城乡学校、名校弱校全方位交叉体验,"五育"并举,实现学生全面高质发展,为助推国民素质现代化奠基。

3. 源于协同的管理领导机制

区域加强顶层设计,提倡以"面向全体学生、落实全面教育、保障全程生长"教育质量观撬动"高质量全域优质教育"的新时代育人目标。这一理

---

① 桑国元,刘璐璐.协同学视域下基础教育集团化办学的模式、治理及其资源配置[J].教育科学研究,2023(4):90-96.

论跃迁充分彰显西湖教育人以集团化办学回应教育治理现代化之需，以团队力量落实区域教育发展规划。以学军小学教育集团为例，学军小学紫金港校区、之江校区、云栖校区分别作为偏远地区首个"名校＋新校"试验典范，入驻三墩板块、之江板块及双浦板块。集团在各校区建立了"齐步走"的管理模式——在求智校区教学中心的牵头下成立分项评价核心组。该群组分别由3个成员学校的校区校长室、学生发展中心、教研组长构成，负责制定、修订分项等级评价手册，既保证对不同学校校情予以公平对待，也可以在集团高质量发展下对评价标准进行及时微调。

二、师资队伍与区域教育质量共促进

集团化办学方兴未艾之际，区域教育集团如雨后春笋般出现，百姓对基础教育品质要求不断提高。随之而来的是家长对集团化办学的质疑："集团化办学规模不断扩张，是否让教育'牛奶'稀释了？"诚然，所谓规模"量"的扩张与教学"质"的提升的矛盾，实则是集团化办学中师资校际交流与教师成长问题，应分别从固定思维、单线思维和生长型思维解构"牛奶稀释"与队伍结构的辩证关系。进而言之，基于当前党组织领导的校长负责制，推动教师与干部成长成为集团化办学的重要抓手，应着力为核心校和成员校的师资协调共进提供充足的软实力保障。[1]

①杨刚.教育高质量发展背景下集团化办学的思考与实践——以中关村二小集团化办学为例[J].中国教育学刊，2021(2)：149-151.

（一）"牛奶稀释"和队伍结构问题

1. 削峰填谷：固定思维下认为集团化办学稀释核心校师资

一种观点认为"牛奶会稀释"，其底层逻辑是以固定思维审视教学资源，假定优质教育资源数量是恒定不变的，认为师资队伍的抽调等同于总量减少，即平时所指的"拆东墙补西墙"，以求最终的教育平均数。具体来看，集团化办学路径促进了校际师资力量的活跃流动，尤其是核心学校的优秀青年教师、骨干教师以不同形式融入成员学校，必然会在一定程度上带来核心校优质师资的暂时性"稀释"。如果没有较为科学地重新调配师资队伍，重塑集团价值观，易形成不可避免的"削峰填谷"之势。[①]

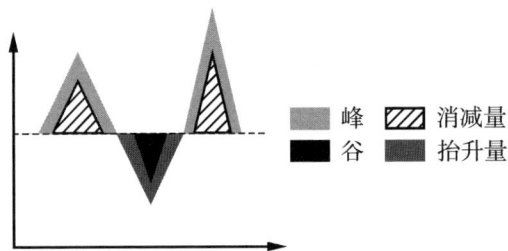

"削峰填谷"示意图

2. 造峰削谷：线性思维下认为集团化办学弱化成员校优势

此外，除了"削峰填谷"的情况，集团化办学也可能会产生"造峰削谷"的破坏教育公平现象。比如，集团只顾核心校的师资、生源等优质资源，忽视、排挤新校、弱校的成长，甚至从成员校中"掐尖""挖墙脚"，造成成员学

---

① 黄正华. 集团化办学背景下的师资均衡机制[J]. 中国教育学刊, 2018(4):13.

校人才流失严重。为了引导集团办学中平衡看待核心校与成员校的内部治理问题，区域实施捆绑式考核模式，对核心校和成员校单独、公开考评，再结合各校区的考核结果，确定最终的集团考核等级。其中对成员学校的考核指标包括对青年教师和骨干教师的培养、教科研成果的质量等。2018年，区域公布《西湖区集团化办学专项经费管理办法》，激励更多集团内部各校区共同发展。2022年，区域通过数字化平台"智慧人事"评估系统，更直观地掌握各成员校的成长进度。

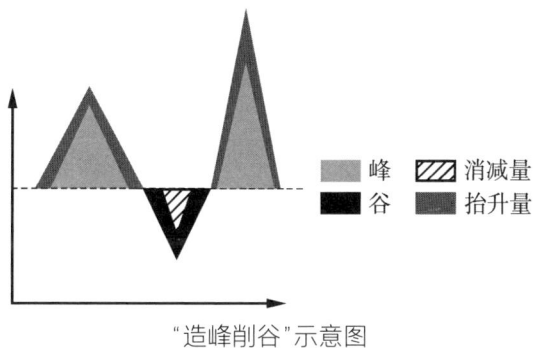

"造峰削谷"示意图

3. 造峰抬谷：成长型思维下认为集团化办学为双方稳中提质

从教师队伍结构建设的角度分析，队伍结构性优化带来的生长价值和教学效益必然高于因稀释带来的数量流失，以减少规模扩展的负面效应。[①]通过集团化平台，形成多方共赢的"造峰抬谷"局面。核心校教师为成员校带来多元的管理经验和研训模式，不仅整体上提高了成员学校教师的专业素养与教学水平，而且给予一批教龄0至3年的青年教师快速成长

①范勇，田汉族.基础教育集团化办学热的冷思考：基于成本与风险视角[J].教育科学研究，2017(6)：32-36.

问道西湖：集团化办学谱写全域优质

的机会与平台。这样的模式为源源不断培养出更多新生优质师资力量提供后备力量，进一步优化塑造了橄榄形或 T 字形的教师队伍年龄结构，让中青年教师成为发展主体，从而合理规避因集团化办学而带来的优质教师总量固化的风险。与此同时，在师资调整过程中提高了核心校的不同年龄段教师的教学积极性，最终形成了"1＋1＞2"的优质资源增值体系，保障教师队伍的生长力、持续力。可见，集团化办学对队伍生长具有持续推动的作用，呈现长效性、稳定性的优势。

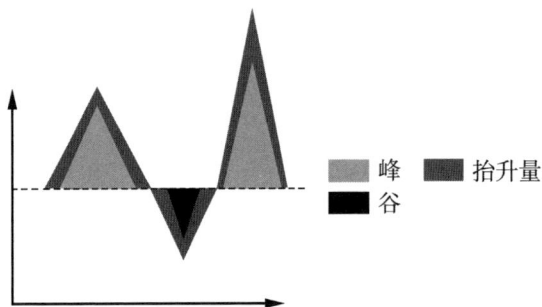

"造峰抬谷"示意图

（二）教师成长和干部成长问题

1. 缩短地缘距离，促进教师校际交流

集团化办学借力跨校、跨区域的支教交流、师徒结对、跨校兼课等手段，实施教学共研、管理互通、德育互鉴，其目标是打破校际壁垒，实现骨干教师、学科带头人的柔性流动。可见，集团化办学提高了青年教师与骨干教师到其他成员校交流的频率，但他们成长发展的稳定性在一定程度上受限，容易出现"青黄不接"的断层，导致集团不同校区教师比例失衡，个别校区骨干

教师"扎堆"，集团教师整体结构不合理。[1]为此，区域充分考虑不同年龄段教师的科学配备比例，关注"老中青"梯度组合，做好新老教师的合作与交接工作，发挥不同年龄段教师在体力、经验、心理等方面的长处，彼此优势互补，达到效益最大化。

因地缘位置远、时间安排紧凑、教学工作量大，现实情况往往是教师疲于赶路、应付支教，将之视为"无奈的必做任务"而非"宝贵的学习机会"，导致参与集团活动时教师态度懈怠、消极应对，对薄弱学校教师的专业和管理能力成长不仅没有真正起到助推作用，反而增加了教师的日常负担，支教活动也随之流于形式、浮于表面。基于此，区域从地缘位置角度进一步考虑集团化办学成员校的搭配。2022年，区域将教育资源相对薄弱的两所老牌初中学校(杭州市袁浦中学、杭州市周浦中学)加入杭州市之江实验中学教育集团，纳入之江板块，实施紧密型教育管理模式，实施"完美拥江"的之江规划。

2. 后备干部培训推动青年教师定向培养

为增强集团化办学管理队伍的生命力与战斗力，区域大力推进青年教师集群式发展，创造性地打造了全方位、立体化的管理培训场域。其中，中青年教师后备干部班构筑了集团化锻炼平台与集群空间。一方面，打破囿于单体学校内部交流的局限，助推校际沟通[2]，拓展青年教师专业成长的空间；另一方面，支持和激励青年教师主动明晰自身定位，分别制订3年内、5

---

[1]罗晓航，聂兰. 以组织结构变革推动集团化办学高质量发展[J]. 中小学管理，2023(4):28-31.
[2]罗建兰，李小雅. 集团化办学对人才资源的统整与再生[J]. 人民教育，2023(2):74-76.

年内、10年内的职业规划，实现职业生涯的定向发展，营建心灵成长的空间。从区域培训内容上看，创造性地邀请了心理学、经济学、医药学等领域专家带来跨界思考的双向互动培训，开拓了青年教师视野，将新信息、新知识融汇于未来的教学、管理思维。此外，带领教师参观国内特色学校，深层挖掘不同学校的成长跃升点，激励青年教师主动参与对集团化办学的思考；组织了兼具传统与流行特征的集体体育项目，让青年教师之间增进了解，凝聚团队精神。

3. 起用年轻干部激发管理队伍活力

区域积蓄了大量精力旺盛、身体健康、专业过硬的35岁以下的青年教师，然而现状是有管理经验的年轻领导干部储备力量不足。究其原因，当前青年教师干部快速成长的最大障碍是校级领导平均年龄偏大，占据着多数管理岗位，鲜有空缺的历练岗位。

借助集团化办学的契机，区域健全干部选拔任用机制，在新校搭建了更多的专业成长和管理岗位平台，支持部分优秀教师担任副校级干部、中层干部，在真实的行政岗位上汲取实践经验。此外，鼓励青年干部在集团内部定期轮值，在实践磨炼中成长为管理经验丰富的中坚力量。从更为宏观的视角看，助推集团整体管理队伍发展，重组后的核心团队更明晰自身定位，确定共同目标，聚势而行，有序递进，达成教育共性追求，有效避免集团学校"形聚而神散"的现象，为区域全面高质量发展注入活力。[1]

---

[1]李富强. 集团化办学中教师专业成长的策略[J]. 教学与管理，2020(35)：6-8.

三、集团共性与学校个性如何把握度

近年来，"小个子搭上大块头"的集团化办学合作现状，引发了社会各界的广泛关注。要实现集团化办学效益的最大化，必须依托集团"合"与"分"的进程，在不同阶段有侧重地处理好"异""同"关系，两者双向并行，落实管理协作、机制革新、文化建设等方面的实质性增长点、生长点。在此基础上，需要把握集团化办学的不同模式的辐射力度，合理避免办学同质化或无序化，让每所学校在办学规范中焕发独有活力，以达成和而不同、多模共生的全域优质均衡状态。①

（一）集团化办学的合与分问题

1. 融合管理体系推动优质资源高位均衡

纵观集团化办学的发展态势，西湖区完成了从名校教育集团、紧密型教育共同体到区域教育联盟的进阶迭代，初衷始终立于为基本满足每一个学生在家门口享受优质基础教育的需求，完成集团化办学管理体系的融合与共建。在学校深度整合中，提高区域内优质资源覆盖率和全体学生受益率。集团化办学力图通过校际融合与区域整合，促进多方位管理体系发展，如师资力量进阶化、学校建设数智化、教研方式创新化，将校园文化、资金、政策倾斜、硬件设施等隐性和显性教育资源展开公平配置，集团内部以核心学校与成员学校达成从教育资源的基本均衡到优质均衡。

---

①陈凤娟.基础教育集团化办学的困境与突破[J].现代中小学教育，2019(6):4-7.

2. 交互教研体验推动优质母体孵化名校

集团化办学"分"的成果，体现在新优质母体的分化与增值。[①]一方面，集团化办学以点带面，坚定"办一所、优一所、强一所"的集团治理理念，推动一批又一批新优质学校从原母体分化，从而孵化出更多优质集团，更为全面地显张力、蓄内力。比如名校的"2×N"同课异构活动，通过集团化办学形式，邀请核心校、成员校两校青年教师对同一节课展开创新设计，其背后凝结的是两校教研组与"磨课团队"的共同智慧，在两校共研中进一步全员卷入，在交流中生成新学教体验；"一对一"跟岗体验活动——邀请资深教师一对一带领对方学校教师在本校跟岗，使集团内对方学校更为切实地观察资深教师与学生相处的方式及工作体悟，让双向输出的可行性与实践性增强。

3. 挖掘成员校独特校本资源实现多方生长

集团化办学的资源增值点不囿于名校对新校、弱校的整体辐射与引领作用，更是从传统意义上的弱校、新校中获取新视角下的独特校本资源。可见，所谓集团化办学，并非名校与弱校、新校"一对一"喂养式供给资源，也不是教学优质学校或城市学校对薄弱学校、农村学校单方面地输出资源，将薄弱学校仅仅视为资源的接收者与索取者。[②]诚然，集团化办学并非简单地从物理层面上缩短校际差距或"扶贫"新校、弱校，而是应清醒地

①周彬. "集团化办学"就是为了办好教育集团吗？[J]. 中国教育学刊，2023（4）：8-12.
②陆云泉，平亚茹，张欣. 基础教育集团化办学的高质量发展路径——基于知识创生螺旋的分析[J]. 中国教育学刊，2023（4）：19-24.

认识到"没有绝对的教育洼地"理念。比如，西湖区名校充分捕捉农村学校周边的非遗历史文化，形成特有的跨学科主题项目活动（设置龙舟节、"一带一路"展馆等），为其反哺传统名校提供新的发展思路；反之，名校在师训、科研等方面的经验也可供新校、弱校借鉴，从单向扶弱到双向成长，注入向上生长的力量，共绘互助互惠的格局。

（二）集团内部学校同质化与个性化的辩证关系

1. 以一个标准助推集团化办学制度化

在集团化办学创建初期，成员学校侧重"同"的模仿力量，弱化各学校"异"的个性发挥。"同"即集团内部认可一个准则、一套规则，是集团化长期发展的根基，助推集团化管理走向标准化、制度化、法治化。各个学校共同的发展愿景，学习借鉴核心学校的教育发展理念、办学思想、管理制度、奖惩运行机制等，"集团文化"与"校区文化"在一定程度上相互滋养、融通，是"和而不同"发展观的深度彰显。以之江板块为例，杭州市之江实验中学、之江一中、袁浦中学、周浦中学4所学校自2022年底组成紧密型教育共同体，不仅成立了新的集团理事会，更是将每一个孩子的成长融入集团的整体发展理念，提倡"让孩子的未来成为可能，今天的教育就是为了孩子的明天，每个孩子都有'梦想'，让'梦想成真'是育人者的责任与使命"。从硬件设施到软性实力的助推，由此让来自不同家庭背景、区域环境的孩子更真切自然地融入集团，更好地促进教育集团内部互助成长，充分发挥亮点，真正做到让教育"立体起来""开放起来""美好起来"。

2008年2月，杭州市第十五中学被市委、市政府授予"杭州市城乡学校互助共同体先进单位"称号。

2. 以多模共生助推集团化办学多元化

在集团化发展成熟阶段，应指向更广、更深的区域发展基础，细究集团化办学的核心本质，探究出一条优质均衡发展的"多模共生"路径，创生出紧密型、松散型、复合型等多元新样态。①若继续将名校和弱校进行"1＋N"捆绑式低阶帮扶或委托管理，或将核心学校的发展规划和文化特色直接以"嫁接式""灌入式"硬性输入其他成员学校，容易造成集团化办学陷入千篇一律、千校一面的"样板房"误区。更有甚者，本来在核心学校的优秀宝贵经验在新校、弱校可能遭遇"水土不服"的融合困顿。这一现象缘于许多核心学校对成员学校没有充分的了解与认可，反而将其原有的特色文化活动、管理

①刘莉莉.集团化办学的理性审视[J].教育发展研究，2015(8)：55-59.

模式全盘否定，使得集团内部丧失原有的校园生长活力和文化根脉。

进而言之，"异"即保持集团中学校的个性与特色，包括办学历史、校园文化、办学环境、生源背景等，充分发挥名校品牌带动优势，突破名校的中期发展瓶颈，同时发挥薄弱学校的优势，在办学中展开弱校补偿机制，尽最大可能补齐缺位的德育、教学，打造"一校一品"，开创新型教育品牌，从"集团制造"到"集团创造"，各美其美，美美与共，从而延伸至教师和学生的文化认同和心灵归属。以文三教育集团为例，文三街小学与九莲小学结为紧密型教育共同体，后又与育才外国语学校结成同域教育发展联盟。其德育精品项目"青苹果三社两日"发源地文三街小学为母体学校，在成员学校建设了"青苹果实践社""青苹果校史廊""青苹果吉祥物"等子活动。两者既有经验与精神的传承接续，更有活动形式的创新发展，是践行集团化办学异质同存的典型范例。

3. 实现从单一共享到共建共享共研的增值

应进一步拓宽视域，关注资源共享多维度、多向度的真实内涵来推动机制自主生发的活力，其中，研训资源、信息资源、课程资源、硬件资源等资源共享，绝非桎梏于课件、作业命题等直接成果的传输。直接成果的单一共享，仅是对固有教育资源的分配，注重单向输出或无序捆绑，而区域应倾力打造"共建共享共研"的生成机制。①"共建共研"是指搭建集团协作平台，使得龙头学校和成员学校共同参与到资源建设和研训的实际工作中

---

① 桑国元，刘璐璐. 协同学视域下基础教育集团化办学的模式、治理及其资源配置[J]. 教育科学研究，2023(4)：90-96.

去，实现最大的增值性转化，让集团化办学下的多方教育资源优化配置、共生，更为合理地生成、调配集团内部师资、物资，物尽其用，人尽其才。故应从单一的"共享"到"共建共享共研"，达到优质教育"1＋1＞2"的增量发展。杭州市第十五中学教育集团，由浙江大学附属初级中学、西溪中学和杭州市崇德中学组成，并与袁浦中学组成紧密型教育共同体。杭十五中与袁浦中学的联合教研可谓集团化办学典范。依托两校的首席教师工作站、名师工作室，吸纳两校种子教师，打造平等互信的圆桌沙龙，延伸子项目，如"2＋2"双校双名师访谈活动——邀请特级教师，第一、第二层次学科带头人参与沙龙，通过访谈了解他们在日常工作中如何落实教育高质量发展的任务，更生动地凸显西湖教育人的精神品质。总体而言，资源"共享共建共研"的方式覆盖青年教师、骨干教师、资深教师等各类型教师，活动内容从宏观到微观，既有高位引领，也有扎实落地，真正让集团教师成为学校管理、教研、德育的主体。

（三）集团化不同办学模式的辐射半径

集团化办学的辐射半径，归根结底是集团的影响力跨度多少的问题。在集团化办学的不同阶段，对应呈现了多种适切的发展模式，体现了区域因时而变、因势而新的理念。然而，其背后映射的本质是集团师资与干部的流动，以及团队文化价值的迁移。核心学校、成员学校两者之间的辐射力度，不局限于管理、被管理的上下级关系或纯粹的平行并列关系。集团内部倡导协商型治理的交叉合作模式，其显著特征是多元主体展开互鉴协作并动态生成经验。

1. 名校集团化的扶放支架

名校集团化形式,主要指"名校＋弱校""名校＋新校""名校＋农村薄弱校"等。两者联动的初衷之一是缩短新校、弱校成长周期,公平配置优质资源。①核心学校历来在学习资源、研训模式、师资力量等方面有独到经验与优势,对成员学校形成持久助力,为成员学校注入新鲜血液。为避免成员学校教师产生"等靠要"的惰性思想或"搭便车"式坐享其成的心态,龙头学校应摒弃一刀切的"输血"形式,为其提供必要支架,培养成员学校的"造血"功能,助力集团化办学在逐步扶放中纵深推进。同时,另一初衷是为处于瓶颈期、成熟期的名校提供新活力、新动力,助推名校持续突破原有格局。

2. 紧密型教育共同体的范式延伸

2.0版的紧密型教育共同体,属于新型战略合作关系和成长联合体,可在一定程度上激发核心学校和成员学校双方的发展积极性与主动性,是集团内学校紧密关系最为彰显的一种类型。②双方的发展绝非单向的帮带,更多是基于"两相情愿"的发展态度和意愿。杭州市求是教育集团开了全国公办基础教育集团化办学的先河,首创紧密型合作共同体办学探索经验,开辟"求是之道"。学校精简管理机构,凸显扁平化管理模式,集团的成员学校负责人由集团副总校长兼任,形成"点、线、面"形式,彰显"包容、开放"的办学理念,融合创生"民主、高效"的管理共识,真正实现区域各校平等互惠优质发展的新样态。

---

①谭东明.基础教育名校集团化办学的困境和对策研究[J].教育管理与教育研究,2021(1):12-13.

②钟秉林.关于基础教育集团化办学的若干思考[J].中国教育学刊,2017(12):3.

3. 区域教育联盟的文化共塑

3.0版的区域教育联盟,多校围绕主题任务共同攻克难关、突破任务,最终落脚于文化共生、资源的共建共享、价值的共同塑造,将集团化办学参与者的视野格局打开。教学联盟内部的关系不存在"谁来领导集团发展"的定位分歧,联盟校角色界定清晰,通过联盟主席的轮值,培养成员学校的民主意识、主动参与意识,激活每个学校主动发展,推动全域优质发展。[①]

以更为发展的眼光看,区域对教师管理模式中深度蕴含理念共识与文化理解,助力教师队伍在工作中牢记"价值判断优于行为判断"。通过渐进式的集团破冰活动、共创集团队伍名称、筹备集团文化墙,厚植对集体人文积淀的价值表达和向心力支撑,激发教师及干部在未来组建集团时保有精神传承、情感延续的热忱,提高教师的角色认同与职业幸福感,让集团化办学的事成为人心归属的事。

诚然,纵观集团化办学几十载,西湖人始终立足因校制宜、顺势而为的理念,坚持实事求是,从真实校情出发,以实践探索解开集团化办学中遇到的困惑。我们在集团化办学的不同阶段调整政策方向,确保区域上位政策与各集团自主发展相契合,在尊重学校主体性的基础上激发区域推动力。此外,注重师资队伍与区域教育质量的协调,推动教师与干部的成长,增强核心校和成员校的师资实力。在集团化办学中,我们寻找量与质的最佳平衡点,调整集团内部学校同质化与个性化的辩证关系。

---

① 张爽. 当前我国基础教育集团化办学的内涵与关键指标[J]. 中国教育学刊, 2023(4):13-18.

因事而创：
共富背景下实现区域高质量发展

把优质教育办到老百姓家门口
西湖教育走出一条"名校集团化"办学新路

　　世纪之交的杭州市西湖区,是在机器轰鸣、塔吊起落中一寸寸延展外扩的。1999年8月,杭州市人民政府下发《关于加快杭州城市化发展的若干意见》,给本就如火如荼的城市化建设按下"快进键"。也正是那几年,杭州城西板块诞生了规模最大的蒋村商住区,数十家房地产开发商在4平方千米的土地上开发了超过300万平方米的大型住宅区,聚集起超过15万的居住人口。

2008年3月,时任西湖区教育局局长吴吉春调研集团化办学工作。

随着城市骨架不断拉伸，城市区块功能也被重新规划调整。老的城市中心由原来以居住为主的区块逐步规划过渡到以商业和公务为主的区块，大量市中心人口则被合理规划疏散到城市周边区块。作为最大商住区的蒋村，承纳了一大批创业有成、学历较高、素养较好的新居民和中心城区外溢的居民。仅1999年，蒋村商住区已建成的楼盘就有20多个。

"这些楼盘需要入学的适龄儿童有上千人，但当时整个商住区只有一所村小。"向城而生，"先开发后配套"的蒋村商住区急需教育配套。"其实当时的蒋村缺的不是配套学校的数量，而是质量。"在担任西湖区教育局局长之前，吴吉春已分管招生工作多年，对于学校配套、招生能力、学位预警等熟稔于心。据他回忆，当时蒋村已经规划新建9所幼儿园、6所小学和2所初中，按照惯例，西湖区教育局该给这些新建的学校配好校长、招好教师，并指导监督它们独立办学。

然而，老百姓对"名不见经传"的新学校并不买账，"用钱买优质教育""买房子迁户口""托关系找路子"的家长比比皆是。尤其在当时的体制机制下，大量优质教育资源仍不可避免地向重点校、示范校倾斜，致使校际差距进一步拉大。城市要发展，教育不仅是先锋，更是支点和后盾。对于西湖区来说，要吸引人才、留住人才就要提供能满足老百姓期待的优质教育，而要办好更多优质教育，就要缩短新学校的成长适应期，让老百姓在家门口就能享受优质教育。

民呼我为，对于当时的西湖教育人而言，实行一场效率与公平的优质均衡的改革已箭在弦上。

"剪下枝条培新苗"
在白热化的"择校风"中杀出一条血路

从西湖区教育局招生科科长到分管招生工作的副局长,再到局长,每到招生季,吴吉春的电话都会被打爆,都是想要托关系进名校的。那几年,西湖区小学入学正处于高峰,城区名校招生名额非常紧张。不满足于"有书读"的家长将目光转向"读好书""上名校",甚至不惜豪掷重金,他们的目标只有一个——"不管交多少钱,只要孩子能进名校就行"。择校,成为招生季里学生家长的切肤之痛。

与学生家长想方设法"进城"择名校不同,公办优质教育资源却在图谋"外扩"。在吴吉春看来,教育不只影响人的一生,更影响一座城市的经济发展和一个国家的文明稳定。"在当时构建和谐社会的大背景下,教育要兼顾公平与效益,就要办好老百姓家门口的每一所学校,实现重点校、示范校和其他学校均衡发展。"而当时摆在西湖教育人面前的两个难题,也在倒逼教育行政部门加快改革创新的步伐。

其一是规划新建的学校如雨后春笋般涌现,但一所新学校想要成长为有一定影响力的名校,至少需要15至20年的时间。有入学需求的老百姓等不起,城市化发展的进程更等不起。其二是家长择校的热情不退,除部分买房迁户的家庭外,更多家庭以牺牲时间换取机会空间。晨光熹微的早上、华灯初上的傍晚,名校周边的路上常常能见到父母接送孩子的匆匆身影——他们花在通勤时间上的成本太高了。

不能让"有的孩子就近没学上,有的学校建好没人上"。西湖区提出要让公办优质教育实现低成本的快速扩张，把优质的教育送到老百姓的家门口。"优质、低成本、快速，这些是重点也是难点。"吴吉春坦言，作为背负着社会太多期待的教育行政部门，该怎样减轻乃至切断盛行多年的"择校之风"，让公办优质教育资源实现最大化、均衡化、平民化，"当时放眼全国，都找不到现成的模式和成功的范例"。不破不立，吴吉春知道，西湖区不得不走一条创新之路。

1999年，总投资近2000万元的竞舟小学建成，并将于秋季学期正式招生投用。作为蒋村商住区第一所配套学校，设计规模为24个班的竞舟小学吸引了太多关注的目光。"能不能顺利招到学生？""招不招得满？""会配怎样的校长和老师？""办学质量到底怎么样？"……大家都在观望。吴吉春心里也知道办好这第一所小区配套学校的分量究竟有多重，它不只关系到新改革、新模式的试水能否成功，还可能成为影响老百姓入学报名时"用脚投票"的重要变量。

但要让一所新学校在较短时间内"热起来"，并不是一件容易的事，不是派一位新校长、招一些新教师、投入大量经费就能一蹴而就的。"要创新，就要改变政府管理学校的形态，以超常规的举措来推进新学校的跨越式成长。"吴吉春注意到，当时丰田汽车公司等一批企业的连锁经营搞得风生水起，能不能把这种"连锁"的理念"复制"到教育上，由西湖区一批已经在社会上具备一定知名度的学校开展连锁办学？

同样"苦择校久矣"的，还有时任杭州市求是小学校长的黄建明。作为西湖区老牌名校，求是小学位于著名的"求是村生活圈"，这里有浙大幼儿园、浙大附小、杭州第十五中、浙大附中和享誉中外的浙江大学，被称为"从摇篮到大学"一路名校。一方面,黄建明每年要回绝许多重金择校的家长、婉拒多方帮忙入学的请托;另一方面,求是小学自身的发展也遭遇瓶颈。办学空间得不到拓展、新教师补充不进来、骨干教师晋升不上去等问题,让黄建明意识到"学校也是有生命周期的,宝贵的学校文化或正面临'消失'的威胁"。

"为什么不能把优质的教育送到孩子家门口?""怎样在学校发展的'壮年'时期,剪下枝条在发展的新土壤里继续传承保持基因?""能否通过连锁方式'复制'求是小学?"……黄建明的一系列思考,与西湖区教育局正在探索的改革创新不谋而合。"他主动提出要'带一带'竞舟小学",吴吉春回忆道,这也成为西湖区探索连锁办学新模式的突破口。

经过反复调研、听取汇报和慎重思考,西湖区教育局同意求是小学接办新建的竞舟小学,并将其更名为求是小学竞舟校区,同年启动招生,由此掀开了西湖区"名校带新校"连锁办学的新篇章。

"摸着石头过深河"
在解决复杂问题时没有标准就创造标准

1999年4月,杭州市求是小学向社会高调喊出"让更多的孩子享受求是教育"的口号,瞬间点燃了舆论。"连锁办学是什么?""是不是教育领域的'圈地运动'?""怎么连锁、如何办学?"……别说外界看法众说纷纭,西湖教育界内部对此也莫衷一是,甚至有教育界人士直言不讳:"教育是直面文化,是要面对面言传身教的,怎么能搞连锁?"顶着重重压力,吴吉春甚至想好了"这一步先迈出去走走看,实在不行再退回来"。

"不只学校是新的、教师是新的，由此带来的教师培养机制、教研方式、校本培训模式、管理体制机制、干部流动机制、经费使用办法等都是新的。"吴吉春直言，打造出名校带新校连锁办学的"形"很简单，但要确保名校在带好新校的同时，还不能降低自身的办学质量，凝合好连锁办学的"神"，却并不简单。而西湖区要探索的是如何让连锁办学"形神兼备"。

为了搭建起连锁办学的"四梁八柱"，西湖区政府召开多次会议统一认识，为顺利推进连锁办学提供了坚强有力的组织和思想保证，西湖区教育局也在政策制定、宏观调控、监督落实上狠下功夫。在吴吉春看来，要放大连锁办学的成效，就要充分调动名校校长、教师的办学积极性，构筑学校办学的动力系统。"为此我们出台了一系列鼓励名校实施连锁办学的优惠措施，在教师评优、资金投入、人才引进等各方面给予倾斜。"

1999年9月1日，求是小学竞舟校区正式开学，黄建明也把自己的办公室从求是本校搬到了竞舟校区。对于外界最关心的"教师从哪里来"这个问题，求是本校数位中层干部和一批骨干教师主动站出来。"我不需要太多教师到新学校去，但我需要你们跟我拧成一股绳。"黄建明给主动请缨的教师们压担子，鼓励大家齐心协力把新学校办好。

由于求是本校与竞舟校区的距离有6.5千米，在当时公共交通尚未布局完善的情况下，不少教师骑自行车前往需要半个多小时。"除了从求是本校抽调的教师和新招聘的教师外，竞舟校区还有不少以前五联小学、骆家庄小学并入的教师，要尽快提升教育教学质量，校本教研、校本培训必不可少。"吴吉春知道，不能让这6.5千米成为两校区教师间常态化开展教科研活动的障碍。于是在计算机和互联网尚未完全普及的1999年，西湖区教育局专门划拨经费给两校配齐配足网络和电脑，确保"网络无障碍通道"的建成。

对于新学校的教育教学管理，西湖区教育局的要求是"输出'求是'管理和文化""使用同一套标准"。黄建明也对全体教师提要求："'求是'只有一个，教学标准也只有一个，新校区要么是'求是'，要么就不是'求是'，没有第三种可能。"于是，从求是本校调往竞舟校区的10位骨干教师以一带三，不到一个学期就把求是本校的先进教学理念和管理方法移植到了新校区。

1999年，竞舟校区仅招收4个班196名新生；2000年，竞舟校区报名人数比前一年翻了一番，达到8个班，而且要求插班转学回来的学生成倍增加；2001年，竞舟校区招生达到了24个班的满编规模。短短两年时间，竞舟校区这所"新求是"就交出了一份出色的成绩单：两校师资充分共享、教科研活动氛围浓郁、教学质量稳步提升。于是当商住区第二所配套学校紫荆花路小学于2001年6月建成后，西湖区教育局几乎没有犹豫，就再度将接办这所新学校的重任交到了求是小学手中。是年9月，求是小学华立星洲校区正式招生开学。

从1个"求是"到3个"求是"，教师数和学生数也分别突破了200和3300，于是在2002年，西湖区教育局又做了一个开全国先河的创举，决定成立全国首个公办教育集团——杭州市求是教育集团。一年后，西湖区将名校集团化列入《西湖区教育发展规划》中，明确了名校集团化办学的体制机制，并对其进行整体规划、分步实施、适度推进。从求是小学开始燃起的这簇名校集团化星火，开始逐步燎原至整个西湖区。

"牛奶没有被稀释"

在家门口也能享受优质教育成为新名片

和"名校带新校"连锁办学刚起步时一样，刚开始时，名校集团化不是没有遭受过质疑，甚至唱衰的声浪巨大。"新学校的兴起必然会'稀释'老学校的资源""新学校的质量一定比不上老学校""新的教育集团管理模式超越了一般教育行政管理模式"……然而整合拓展优质教育资源，西湖教育人的决心也很大，越是面对种种质疑的声音，他们越是把压力转化成了源源不断探索的动力。

"风险当然是有的，如果管理不善，不仅有可能使新学校陷入办学难的境地，而且还有可能使原有的名校在老百姓心目中大打折扣。"吴吉春比其他任何人都清楚个中利害，因此，西湖区从强化行政推动力入手，帮助名校尽快构筑起办学的动力系统，激活名校的积极性和内驱力。一边给政策、给经费、给支持，一边抬高连锁办学和名校集团化办学母体学校的"准入门槛"。用吴吉春的话说：母体学校不是区教育局指定的，而是要通过公开竞标的方式，通过发布信息、申请报名、论证评估等程序，让更多有意愿的名校主动加入连锁办学和集团化办学的行列。所以，当2004年文新小学建成时，时任西湖小学校长的章献明也是过五关斩六将，才最终凭实力、能力和创新力赢得竞标，成功接办文新小学。

虽说"火车跑得快，全靠车头带"，但"车头"有了以后"怎么带"才能让"每一节车厢"都跑出加速度，依然是个值得研究的课题。为此，强化内部管理的执行力，帮助名校尽快构筑起资源增值的保障机制，是西湖教育人做的第二件事。为了理顺名校集团化办学的体制机制,西湖区教育局出台了《西湖区名校集团化办学的管理办法》,从外部将集团化办学纳入法治化轨道,又在集团内部赋予其足够的管理自主权。例如,在师资管理方面,西湖区教育局只管人事编制,集团内部各副校长怎样分工、招聘哪些教师、如何分配校区等都由集团负责。

"慢慢地,集团学校内部形成了扁平化管理的机制。"吴吉春介绍说,集团下设党总支、总校长,再根据集团发展运作划分德育、教学、行政后勤、教师发展中心等几块中心工作,由集团副总校长统筹分管,下属学校只设办公室,并在集团的统一管理下开展工作。"既强化了统一管理,又减少了校内机构设置。"吴吉春说,在民主决策与监督的基础上,集团的人、财、物可以实行统一管理,既有助于集中力量办好某一件大事,也可以根据集团内部需要进行资源的优化配置。于是,西湖区强化对名校集团化办学的投入机制,确保优质教育资源做强做大。

多措并举之下,集团化办学的成效也日益显现。2005年,杭州市求是教育集团用一份质检报告,回应了舆论质疑。"经统一命题、统一阅卷,'求是'下属三校各科合格率差距在2%以内;经无记名调查,三校学生厌学率最高为1.66%,最低仅为0.35%,三校家长对学校满意率最高为99.91%、最低也有99.85%。"可见,"牛奶"不仅没有被"稀释",反而由一杯变成了原汁原味的三杯,实现了名校的再优化和新校的名校化。

"求是"的成功让西湖区看到了名校集团化的广阔空间,2002年至2008年间,西湖区涌现出多个教育集团,并在序列、成分上不断丰富和充实。继杭州市求是教育集团之后,2004年,杭州市十三中教育集团成立;

2005年，杭州市第十五中学教育集团、杭州市文三教育集团、杭州市西湖小学教育集团、杭州市育才教育集团相继成立；2008年，首个学前教育集团——杭州市西湖区闻裕顺学前教育集团成立。

吴吉春曾经做过一个形象的比喻：成立名校集团就像是一个特别的"成人仪式"，成立集团的名校在连锁办学的基础上"翅膀硬了"，就可以放手让它们在发展道路上尽情闯荡；而连锁办学的学校是"幼子"，在成长的路上还需要"扶一程"，但最终它们也要接受"成人仪式"，发展自己、壮大自己。就这样，西湖区通过做大做强优质教育，实现了"让老百姓在家门口就能享受优质教育"的美好愿景。

"办一个成功一个"
为义务教育优质均衡化探索出一条新路

尽管新建楼盘如雨后春笋般拔地而起，西湖区的名校集团化办学却从未冒进，始终遵循着"科学发展、适度推进、有序扩张"原则，成熟一个发展一个。"西湖区的名校集团化是有自身特色与西湖烙印的，我们不追求'名分'上的标签化，更注重实质上的优质均衡。"在这个过程中，西湖区引入质量评估标准，从集团是否建立了统一的质量基准、教师是否愿意在集团内学校自主流动任教、集团学区内学生是否愿意就近入学、家长是否对集团学校具有较高的满意度等维度，来衡量名校集团化办学的成效。

"衡量一个名校集团化办学是否成功的第一标准就是'集团的教师是否愿意自主流动'。"在吴吉春看来，只有教师愿意流动，才说明他们对集团下属每所学校的人文环境都认同了，他们相信去任何一所学校都能实现自我价值。"而在这个过程中，比人的流动更重要的是文化植入和管理输出。西湖区的优质教育之所以能够在短时间内实现优质、低成本、快速扩张，依赖的不是'人治'而是现代化的管理制度。"吴吉春说，这也是为什么后来求是教育集团换过3任校长，集团发展依然蒸蒸日上的原因。

得益于连锁办学和名校集团化，不只新学校缩短了发展适应期，迅速成为老百姓认可和满意的新优质学校，老牌名校也拓宽了办学空间，在理念的传承、文化的根植、师资的流动、教科研引领等方面取得了新的更大的成就。特别是在集团的统一管理下，集团内部竞争与合作的氛围愈加浓厚，教师的个人成长有了更加广阔的舞台，新教师能迅速缩短岗位适应期和个人成长期，名师也能更快突破高原期和瓶颈期。

"我们怎么才能像西湖区这样，小好办成公办教育集团呢？"那几年，省内外前来西湖区考察、学习、调研的团队不胜枚举，大家都好奇西湖区名校集团化创办一个成功一个的秘诀到底是什么。被问得多了，吴吉春也开始总结，他认为，要办成功的教育集团，必须确保核心学校有影响力、核心人物有竞争力、核心队伍有战斗力、核心管理有创新力。

首先，无论是名校带新校连锁办学，还是名校集团化办学，核心学校必须是货真价实的名校，而不是"贴牌的名校"。如果作为母体的学校在社会影响、办学理念、管理能力、师资队伍等各方面离名校还有一定距离，在竞标环节就会被淘汰。"我们会让一些已经是名校的学校先担任母体学校，尽量培育一些离名校尚有距离的学校，综合提升学校的办学影响力，使其成为名校集团化办学的'种子学校'。"

其次，作为核心人物的集团总校长，必须要综合素质过硬、具备传播名校文化的能力和魄力。总校长是一个集团办学能否成功的重要决定因素，他应该成为学校发展的助力而非掣肘。"真正有核心竞争力的总校长，不仅在任时能理清集团发展方向、理顺体制机制，即便卸任后也会留下教学思想、管理制度，让集团化学校顺着既定的方向行稳致远。"

再次，拥有一支教学经验丰富、责任心强、潜心研究、精神饱满的教师队伍是名校集团化办学能否取得成功的重要保证。西湖区鼓励每一位教师都做高素养的教师、做大情怀的教师。"因为多校区办学，教师可学、可看、可比的东西更多了，既要修炼好自身的专业能力和师德素养，也要有合作分享的意识和不怕麻烦的精神。"吴吉春说。

最后，对一个集团化学校而言，有效的管理体制、具有激励的运行机制和健全的规章制度是最有力的支撑，管理的规范化、科学化和现代化能够使集团的办学效益产生"1＋1＞2"的效果。只有管理模式不断创新、修正、升级，才能引领集团化学校这艘巨轮航行在正确的航线上。

让西湖的孩子成长得更好
打造高水平均衡发展的西湖教育

经过西溪湿地,沿着杨梅山路拾级而上,绿荫掩映间有几栋砖红色建筑,这是创建于2012年的求是(和家园)小学,也是杭州市求是教育集团开办的第四所学校。从地图上看,和家园小学距离求是本校约10千米路程。集团化办学第十个年头,求是教育集团的队伍又壮大了些,教师们上下班的路也更远了些。

2012年12月,时任西湖区教育局局长钱志清(左一)走入课堂听课。

十年面壁图破壁。西湖区名校集团化办学不仅在省内外打响了知名度、提升了影响力，在区域内也扩大了覆盖面、延展了管理纵深。平均接办2至3所新学校，对每个教育集团的母体学校而言，肩上的教育教学管理担子都不轻。

"埋头探索十余年，也到了该'回头看'的时候。"从西湖区教育局副局长擢升为局长，钱志清是西湖区名校集团化探索的亲历者和见证人。2010年底，时值"十一五"末、"十二五"初，为西湖区"十二五"发展规划提供教育蓝图、愿景及思路的重任，摆在新任局长钱志清面前。这也给了他一个机会，重新审视来时路、谋划新征程。

十年耕耘，"在家门口享受优质教育"的西湖品牌不断被擦亮，西湖百姓对优质教育的信赖度和期待值也水涨船高。再加上2011年起择校生政策废止，老百姓想花钱进名校的路被堵，他们对公办优质教育资源的诉求"极限拉满"。社会有需求、百姓有呼声，西湖区不少名校名园自加压力，主动扛起教育责任和社会期待，接办的新学校数量越来越多，管理半径也越变越长，有的甚至开始超负荷运转。

与此同时，西湖区的城市化建设一路高歌猛进，从翠苑、蒋村向三墩、转塘等地延伸，城乡二元结构被进一步打破。不同的是，尽管中心城区外围的老百姓对优质教育有着同样热切的企盼与渴求，但这些地方大都已经完成了义务教育布点。相比新建一所学校，如何激发本地学校的生机与活力，使其成长为一所新的优质学校，是西湖区要办好高水平均衡发展的教育，实现让西湖区的孩子成长得更好的愿景，所必须答好的时代命题。

"先有度而后有形"
为集团化办学补上政策支持这块短板

从摸索中走来，西湖区的名校集团化发展势头迅猛。截至2007年6月，已有6个名校教育集团、10个未以集团命名的"名校＋新校"连锁办学、56个城乡结对互助共同体。2008年，"名校集团化"办学模式还作为唯一一个教育领域案例，成功入选"浙江省改革开放三十年典型事例100例"。

"尽管西湖区的名校集团化办学开展得轰轰烈烈，但其实大都是源自基层首创的'自发生长'，缺乏实实在在的政策支撑，这也是集团化办学发展到当时阶段所面临的最大现实困境。"钱志清感慨道。那几年正是国家经济发展增速最快的几年，中国一跃成为全球第二大经济体。在西湖区广阔的农村地区和城郊接合部，快速富裕起来的老百姓，开始往教育上投注更多关注的目光。钱志清敏锐地意识到，在全域城镇化的背景下，过去那种单一的"名校带新校"的模式已经无法满足全区百姓日益增长的对优质教育的需求，政府管理学校的形态亟待丰富与创新。

教育究竟应该以一种怎样的形态来适应经济社会高位发展的需要？与名校林立的中心城区相比，转塘、双浦、龙坞等教育资源相对薄弱的农村片区该如何"突围"？西湖区的集团化办学到底要走一条怎样的路？……在无数个伏案的夜里、思索的清晨，钱志清问自己：西湖教育高水平均衡发展这盘棋该如何落子、怎样布局？"那时西湖区刚刚通过教育均衡发展县和教育基本现代化县的评估，'十二五'期间西湖教育最重要的目标，就是要'让西湖区的孩子成长得更好'。"

秉持着这份朴素的教育初心，围绕名校认定标准与办法、名校资源扩张的渠道与路径，以及名校集团化的发展规划、办学类型、扶持力度、人事配套制度、规范化管理等做细致入微的规定，钱志清数易其稿，一字一句敲下西湖区名校集团化办学的规则制度。由此一发而不可收，由他主笔或牵头拟定，西湖区连续出台了《进一步推进教育优质均衡发展战略实施意见》《关于推进紧密型教育共同体建设的实施意见》《关于加强教师队伍建设推进教育均衡发展的实施意见》《关于支持义务教育阶段民办学校发展的意见》《关于进一步推进名师资源共享实现教育均衡优质发展的意见》《西湖区义务教育学校教师校长交流工作实施意见》等"一揽子"文件，以全区一盘棋推进的力度，为名校集团化办学"再出发"建章立制。

考虑到统筹城乡教育一体化发展的现实需要，在《进一步推进教育优质均衡发展战略实施意见》中，西湖区提出要全面构建城乡教育共同体，通过师资交流、协同教研、送教下乡、考核评价等帮扶措施，探索优质品牌学校和普通学校之间的"捆绑式"管理机制，进一步构建紧密型教育共同体。根据当时的部署，到2015年，包括集团办学、连锁办学、义务教育共同体等多种形式在内，西湖区中小学、幼儿园的名校（名园）集团化办学覆盖率将分别超过90%和70%。

"先有规则制度，再有相应的组织形态。只有搭建好紧密型教育共同体的四梁八柱，才能有助于共同体内学校实现资源最大化整合与共享。"钱志清说，继连锁办学后，紧密型教育共同体又一次拓展了政府管理学校的形态，成为西湖区推进名校集团化办学的全新尝试。2011年，在西湖区教育局的推动下，学军小学与转塘小学、十三中教育集团与周浦中学、第十五中学教育集团与袁浦中学、保俶塔实验学校与西湖第一实验学校分别结成紧密型教育共同体。

"重点向农村倾斜"
为偏远薄弱学校点燃加速发展的引擎

在杭州转塘区块，原本只有转塘中心小学和几所完小，无法满足老百姓对优质教育的普遍需求。所以，当时任杭州市学军小学副校长张军林要到转塘小学任校长的消息传来，当地百姓都沸腾了，"感觉看到了希望"。2011年，两校结成紧密型教育共同体，一支由学军小学校级干部、中层干部和骨干教师组成的队伍整建制派驻转塘小学任职。

互派教师到对方学校任教，一起招收新教师，同步教研、师资共育……在学军小学的带动下，短短两三年时间，转塘小学各方面发展都步入了快车道：参加区科技节活动获得团体总分第三名；在区艺术节上，该校在音乐、美术、运动会等项目中都进入了前七名。直至2014年学军小学之江校区建成投用，转塘区块最终形成"两所小学四个校区"的教育格局，实现四校区均衡并行优质发展。"新格局下，转塘的小学教育也迎来线面结合、均衡推进、全面发展的新局势。"时任学军小学校长汪培新后来兼任转塘小学校长。他表示，要通过多学校、多校区、更均衡并行发展的思路，来提升整个板块小学教育的办学品质。

投入名校这粒"石子"，搅活板块教育一池春水，西湖区打造紧密型教育共同体，就是要通过"名校带普校"的方式来统筹城乡教育均衡发展。为此，西湖区将"品牌带动、标准化建设、人才扩充、管理强校、素质提升、信息化带动、教育开放"七大战略写入《杭州市西湖区教育事业改革和发展十二五规划（2011—2015年）》，建立健全城乡教育一体化发展机制，多措并举推进教育公平。

据钱志清回忆，2011年以来，西湖区教育局每年专项安排学前教育资金、名校集团化办学经费和民办义务教育发展奖励资金，2013年起还追加教育优质均衡发展资金，全力保障教育现代化建设，当年度四项经费投入分别达到了1.1亿元、200万元、100万元和1000万元。对此，他不无自豪地说："当时所有公办小学校际综合差异系数为0.2594，公办初中校际综合差异系数为0.2295，均达到省定达标要求。义务教育阶段学校100%达到省定办学基本标准。"

除了像学军小学这样，由名校选派优秀管理团队，对农村学校和相对薄弱学校实行委托管理，核增支援学校人事编制、建立专项工作经费、激励机制和评估监测等保障机制，实施捆绑式考核，有效输出名校教育理念和管理模式外，西湖区紧密型教育共同体的另一种组织形态，则是双方共同组建紧密型教育共同体领导小组，由名校校长任组长，统筹、指导共同体建设。"这种模式下，所选派的优秀管理团队将扛起受援学校的行政管理和教育教学管理职责，这也是西湖区探索以优秀管理团队输出为特征的名校资源拓展的新形式。"钱志清表示，无论哪一种形式，该区都会引入浙大专家团队实施第三方评估，对共同体学校按学年进行捆绑考核，"区政府也会在编制、职称聘用、考核奖励等方面给予政策支持"。

截至2015年11月，西湖区已推出紧密型教育共同体12个，并从12所名校派出优秀管理团队80余人到相对偏远和薄弱的学校任职，将名校的教育理念和管理模式全面融入受援学校，实现抱团发展。根据西湖区教育评估监测中心有关报告，受援学校97%的学生、91%的家长、75%的教师和100%的社区代表对学校的进步表示满意，社会各界对紧密型教育共同体的认同度持续提高。

"优质校成新母体"
让优质教育资源丰润每个学生的童年

创办于2001年的杭州市嘉绿苑小学，曾是杭州市文三教育集团的下属校区。得益于名校先进文化的迁移和领导管理的变革，经过10多年发展，嘉绿苑小学的教学质量不断提升，已然成为备受周边百姓认可的"新名校"。2015年，嘉绿苑小学从集团脱离，成为一所独立管理的学校。两年后，它作为"新母体学校"，接管了三墩北地块的新建学校。从"子体学校"到"独立学校"再到"新母体学校"，嘉绿苑小学的成长轨迹也记录着西湖区名校集团化办学的发展路径，是典型的"风向标"。

除嘉绿苑小学外，竞舟小学、星洲小学、文理小学、丰潭中学等一批"站在名校肩膀上"快速成长起来的学校也相继从原教育集团中脱离，相对独立地办学，成为新优质学校和新的集团化办学母体学校。"我们鼓励优质学校在同一区域内组建办学联合体，不断加大优质教育资源辐射力度；也会积极培育一批新优质学校，聚焦课程与教学、管理与文化、评价与改进等瓶颈问题，组建实践研究团队，建立'西湖新优质学校'项目集群式发展的推广机制。"展望"十三五"，钱志清希望通过实施优质教育拓展工程，办好西湖土地上的每一所学校，让西湖区的孩子成长得更好。

但其实这样的课改与实践早就开始了。早在2012年，西湖区就启动探索"以生为本、以学定教"的课堂教学改革，设立课改专项经费，组建课改研究顾问小组、课改研究大组和课改学科研究小组，构建起指导、培训、研发和评估"四位一体"的区域课改工作体系。也正是在这一年，国家发布了修订版教材，西湖区顺势启动校本课程改革，贯通"国家课程—地方课程—校本课程"的三级课程体系。

"对标新优质学校，我们要求各学校加强特色建设，让不同的校长都能找到自己的舞台。"在钱志清看来，学校推出的上百门校本特色课程，既是校长的"舞台"，更是学生的"舞台"，"让更多孩子在丰富的课程中找到自己的位置，实现多元发展"。就这样，倡导"学为中心"，西湖区以"先学后教"的理念撬动"学教方式"的转变，把学生综合素质提升放在深化课堂教学改革的重中之重。

在这一理念的指引下，西湖区各中小学校逐渐有了丰富多彩的学生社团。"学生社团活动课经费由政府买单。"钱志清说，西湖区每年下拨专项经费由生均200元提升至300元，用于加大社团建设与社会实践、研究性学习、校园文化建设和校本课程开发等的有机融合，并纳入学校年度考核。为此，西湖区不仅专门出台实施意见推进中小学学生社团建设，还出台了学校社团工作专项督导评估方案。截至2015年底，西湖区已有中小学学生社团3183个，其中小学生参与率为100%，中学生参与率为91%。

作为"千兆宽带进校园"起步较早的区域，西湖区在2015年时就已经基本实现中小学校录播教室全覆盖。除了承担集团内部不同校区间、紧密型教育共同体不同学校间的同步课堂、同步教研、同步师训外，学生们也能远程共享精彩纷呈的社团活动课。

"让教师更加优秀"
为西湖教育打造优秀教育人才蓄水池

刚到杭州市西溪实验学校时，林芳是作为求是小学教育集团骨干教师被派来接管该校小学部的。2012年，两校结成紧密型教育共同体，曾担任求是教育集团星洲小学中层干部的林芳，再度被委以支教重任。带着"质量标准化、管理信息化"的求是理念，林芳一路从分管德育、教学的副校长成长为全面主持学校管理工作的校长。2016年，她正式调离求是教育集团，成为西溪实验学校校长。

随着集团化办学的不断推进，名校接办接管的新校和普校越来越多，大量优秀骨干教师作为教育教学管理人才被输送到受援学校，深度参与学校方方面面的工作。时任保俶塔实验学校副校长的钱宇贤，作为管理团队负责人来到了西湖第一实验学校，一待就是7年；三墩中学原校长助理陆杰调到相对偏远的周浦中学任职，几年后重新回到三墩中学担任副校长……仅2012年至2015年间，西湖区参与交流轮岗的校级干部就有20多人，其中有7位城区校长到偏远学校任校长、5位农村校长到城区学校任职。

"许多农村老师10多年没上过一堂公开课，'草'都吃不饱，哪来的产出？城乡教育要实现均衡发展，首先要让农村教师能够和城市教师'一个桌上吃饭'，吸收同样的营养。"钱志清说，这是以城带乡战略的直接体现。他始终坚信义务教育高水平均衡发展的关键在于学校均衡，而学校均衡的关键在于教师资源均衡，只有让干部、教师流动起来，才能促进学校师资队伍的整体优化，继而带动学校整体素质的提升。

为此，西湖区全力打造教育人才蓄水工程，不断提升人才综合竞争力。一方面实行区内自主跨校聘用，鼓励学校按需设岗、择优聘任，实现教师"来去自由"、自主发展；一方面推动教师校际互派。"在名校集团内流动、优秀管理团队输出的基础上，我们还在双浦、转塘、三墩等偏远学校设立了特需岗位。"钱志清补充道，对于非集团化办学的学校，西湖区也会推荐符合交流条件的教师在片内协商互派交流。

"中小学新任校长必须有在两所以上学校担任副校长工作的经历。""城区中小学新任校长必须有偏远学校或相对薄弱学校工作的经历。"2012年，西湖区提出新提拔干部志愿书制度，对20名新提拔校级干部提出了到偏远学校任职的要求。西湖区政府也推出了任职评优评先、岗位结构配置、交流待遇保障等一系列加大教师交流的保障措施。

那段时间，为了让更多教师更加优秀，西湖区有关"强师兴教"的政策文件密集出台，多达18项。实施0至3年教龄教师培养工程、学科带头人建设工程和中老年教师发展工程，西湖区不仅构筑起覆盖全员的教师培训培养体系，还创新建立了"教坛新秀—星级学科带头人—区首席教师—名师后备人选—省特级教师"的优秀教师梯级培养"西湖模式"。仅"十二五"期间，西湖区就新增省特级教师11人，居全省各县市区首位。截至2015年底，全区共有在职省特级教师24人，省市教坛新秀及省级以上先进荣誉获得者360人，星级学科带头人1149人，省市名师名校长人选30人，名优教师数省市领先。

　　"不只首席教师制度是西湖区首创的，我们还创新推出了名师工作室制度。"钱志清介绍说，首批成立的21个特级教师工作室和79个首席教师工作室，都对农村教师予以倾斜，规定招收的农村教师数分别不少于60%和50%。仅2011年，两大类名师工作室就开展教研、培训、论坛等活动280余次，参与人数超4000人次，成为带动全区教师发展的新引擎。2013年9月，西湖区又授牌成立67个由区内名师领衔的区级名师工作室分站，其中四分之三的分站设在农村片学校，由名师领衔带徒，指导帮助教师转变教育观念，提高教育教学水平，促进教师专业成长，力求在统筹城乡发展、实现教育均衡方面发挥重要作用。

　　"感受到了都市教育现代化的气息，领略了西湖优质中小学的风采，憧憬了后教育现代化的美景。"2016年11月，省政府教育督导委员会办公室组织专家组到西湖区实地考察，专家组充分肯定了西湖教育高水平优质均衡的发展实绩。站在基础教育从"外延发展、扩大机会"向"内涵发展、提高质量"转变、从"知识本位"向"育人为本"转变的时代拐点，西湖区通过紧密型教育共同体建设、新优质学校培育等整体抬升了西湖教育的底部，也为接下来西湖教育更高质量的发展夯实了根基。

擦亮"全域优质"的金名片
西湖区集团化办学风生水起

　　时间如白驹过隙，一晃而过，转眼间，已进入2017年。此时的西湖教育声名鹊起，名校效应让学生们蜂拥而至，一些热门片区的入学压力空前紧张，一表生连续几年爆表，教育局面临前所未有的挑战。同时，随着西湖区教育的不断发展，家长们对优质教育的要求也越来越高。从"家门口有学上"到"家门口上好学"，集团化办学的下一步该怎么走？往哪边走？时代的接力棒交到了马冬娟手中。

2019年6月，时任西湖区教育局局长马冬娟与孩子们在一起。

在进入西湖区教育局工作前，马冬娟曾在中国第一个以实现义务教育优质均衡化为目标的公办基础教育集团——杭州市求是教育集团工作了20年，是求是集团化办学的初创团队成员之一。她经历过把一所"混血"学校改造得整齐有序的艰难磨合，也经历过新校吸纳和传承求是优势文化，又结合自身生源和地域等特点成为特色校的辗转反侧。她坦言："集团化办学成就了我，如今是我反哺西湖教育的时候了。"

从一校之长到一局之长，马冬娟面对的师生家长，从几千人暴涨到了几十万人。老文教区如何提升？双浦、转塘等教育洼地如何抬高？每年"两会"，追着马冬娟提意见、建议的代表、委员都不少。面对这盘大棋，2017年，上任教育局"一把手"的马冬娟提出了"全域优质"的思路。

什么是"全域优质"？全域优质的第一层意思是全区域优质，即西湖区的每一所学校都要发展好，都要办成优质学校，实现西湖的每一所学校既高质量，又各具特色，形成携手并进、动态发展的优质学校集群；全域优质的第二层意思是全程优质，即从幼儿园到小学，再到初中、高中，每一个阶段学校的总体实力都要很强劲；全域优质的第三层意思是校内、校外协调发展；全域优质的最后一层意思是公办、民办协调发展。

纵横内外、方向既定、线路已明，很快一场集团化办学的深度探索大戏在西湖区上演。

查漏补缺，每个片区都有学校

在名校教育集团和紧密型教育共同体等两轮集团化办学推进后，西湖区西部和南部的不少片区实现了幼儿园和义务教育段学校的补位，老百姓免去了舟车劳顿，终于可以在家门口上学。但百密总有一疏，西湖区312平方千米的土地上，还是有个别片区成了盲区。

"盲区的出现并不完全是坏事，说明城市在不断发展，部分片区土地开发力度大、人口集聚、适龄儿童增多，这才再次出现了家门口上学难。集团化办学本质上就是要解决在家门口上好学校的问题，与时俱进，我们要跟上趟去打补丁。"于是，围绕哪些片区还缺少好学校，如何弥补，马冬娟开始了一系列探索。

西湖区教育局附近的求是社区，毗邻浙大，人文底蕴深厚，对应着浙大幼儿园、求是浙大附小、杭十五中教育集团等教育品牌响亮的学校，是一个高热度学区。近几年社区人口急剧上升，其中有相当部分都是因为孩子上学而搬迁来的，这使得入学入园难问题日益突显。入户走访时，当看到一家三口为了孩子入学蜗居在40平方米的房子里时，马冬娟心中五味杂陈，更觉得身上的担子不轻："近三年要按照建设计划确保每年10所以上中小学、幼儿园正常开学，有序增加教育容量，进一步完善和优化中小学、幼儿园规划布点，加快教育设施建设。"

马冬娟坦言，打补丁的难度要远高于之前在郊区建新校，因目前需要打补丁的片区跟求是社区类似，都是老城区，寸土寸金，土地资源紧张，而建学校又有着严格的标准，所以每建一所学校都是一场大战，既需要区里真金白银的付出，更需要各方的支持和配合。

为了尽快把这些硬骨头啃下来，马冬娟常常带着科室负责人白天穿梭在西湖区的大街小巷里，寻找适合建学校的位置或是可以置换的地块，晚上就在会议室开研讨会，商量如何跟街道、学校负责人沟通。

"翠苑片区生源多学校少，经过沟通，我们把原杭师大图书馆改造了，建了一所24个班的小学，再由文一街小学领办，现在这所文一街小学（师苑校区）走上正轨了。""西溪片区也是同样的问题，文三街小学是大热门，每年招生都爆表，一表生也要调剂，学生和家长都很苦恼。为此，区里付出了3.1亿元的拆迁安置费、16.8亿元的重建费，开展文三巷拆建工程，建设文三街中学、小学、幼儿园项目。""北山街道一直没有公办幼儿园，想来想去，我们还是让教师进修学校搬走，腾出地方来办幼儿园，优先破解街道入园难问题，这才有了断桥幼儿园。"离开教育局多年，对着地图说起当年攻坚克难的过程，马冬娟记忆犹新。

建学校，地块和资金一样都不能缺。2017年西湖区出台《西湖区加强和改进教育工作的若干意见》，提出推进配套学校建设，制订实施新一轮教育基本建设三年行动计划，加快推进三墩、蒋村、留下、之江等区块教育配套建设，到2020年，新增配套学校（幼儿园）30所以上，省义务教育标准化学校覆盖率达100%。同时，该区保障教育优先发展，积极争取落实配套资金及时、足额到位，近三年还将继续投入资金34个亿，大力推进城乡一体化进程中基础教育配套建设及设施设备添置，其中仅2018年就投入了9.8个亿。区里的这场"及时雨"，让教育局如虎添翼，也让马冬娟干劲十足。

仅2018年，西湖区就竣工交付中小学6所、幼儿园7所、青少年宫2所；之江一中、西湖外国语学校等5个项目开工；完成4个改扩建项目和109个维修项目。新开办的之江实验中学、云谷幼儿园等民办学校，让百姓有了更多选择；西湖区少年宫新开西溪宫、之江宫，形成了三墩宫、西溪宫、之江宫"三宫鼎立"的全域覆盖新局面，校内校外教育协调发展。

"我在任4年，历经8个开学季，不算改扩建的旧学校，仅新开办学校就有七八十所，增加的学位数以万计。"马冬娟说，"西湖教育处在高位发展的阶段，教育的每一件事情都跟老百姓切身利益相关，我们要做的是办更多优质的学校，让西湖教育这张金名片更加闪亮！"

拒绝同质化，每所学校都独一无二

"我理想中的西湖教育，每个片区都有珍珠，每所学校都有故事可讲。西湖地域范围广，我们要做的是让更多的学校更优秀，让西湖家长可以有更多的选择。现在的短板和痛点在哪里，发展点创新点就在哪里。"马冬娟这样描述自己向往的西湖教育。

在大规模的新扩建学校热潮之下，帮助新学校找特色，也是马冬娟在任期间的工作重点。"集团化办学中，很容易出现'复制粘贴'、千篇一律。可办学校不是生产零件，没有统一的模板，新学校可以向母体借鉴，但是最终每所学校都要摸索出自己的亮点，实现个性化发展。"在马冬娟的号召下，新学校纷纷迈出了探索的步伐。

杭州市行知小学致力于打造"儿童生活力"，并根据新时代要求，精准细分为礼仪生活力、健康生活力、人文生活力、科学生活力、艺术生活力和实践生活力六大方向。2018年，其领办的杭州市行知第二小学借鉴母体学校特色，开设了实践中心，用足用好地下一层的西子女红、烘焙、根雕、现代木工、竹编、精工、扎染、织布等13个非遗传承项目教室。学校设立了非遗特色劳动实践坊，并依托劳动坊开设一至六年级的"非遗劳动旅行记"主题性劳动课程。同时，学校将劳动教育纳入学生评优机制，结合学校六大生活力之一——实践生活力，努力培养乐于动手、解决问题的实践小真人。

2018年，求是教育集团开办之江第二小学。时任求是教育集团副总校长的尹伟成为之江二小校区负责人。2019年，求是教育集团成立"少年创新科学院"，鼓励学生多动手多创新。由此延伸，科学教师出身的尹伟把目光从课堂中延伸到课堂外，创造条件，让校园处处可探究。

学校联合中国湿地博物馆在校内开设螃蟹馆，这座有着212个螃蟹品种的校园博物馆迅速"出圈"，成为开设各类探究课程的宝地。慢慢地，对学生们来说，看标本已经不过瘾了，尹伟就利用假期时间，带着学生去水边抓螃蟹。"傍晚的时候螃蟹最多，没一会儿就能抓到一大桶。本来想带回学校养，后来学生查询资料后发现，这种螃蟹叫无齿螳臂相手蟹，不适合养殖，大家又一起带回去放生。"在尹伟看来，这才是在生活中体验科学。

文三街小学教育集团遵循活力自主的发展原则，确立了"青苹果"德育品牌特色。而集团内的3所学校根据办学实际，又各自确立了自己的特色品牌，如文三街小学确立了"青苹果"自主管理特色品牌，文苑小学确立了"青苹果"书香校园特色，定山小学依托周边的中国美术学院、浙江音乐学院等资源确立了"青苹果"艺术教育特色。各成员学校既注重对集团文化的培植和发展，开展具有集团特色的体育、艺术、科技类等活动，也注重充分挖掘培育自身特色，彰显办学亮点，逐步形成"一校一品"的良好发展态势。

一组组耀眼的成绩，如珍珠般璀璨，成为西湖区的一道风景线，也刷新了家长和学生的认知：集团化办学能让每所学校都找到自己的办学特色。

而随着集团化办学渐入佳境，成长的烦恼相伴而生。什么时候是"独立高飞"的最佳时期？怎样的集团化才是最到位的？出台衡量集团化办学成功与否的标准，成了重中之重。

在求是教育集团时，有"求是标准"；在西湖区教育局，马冬娟创设了"集团化办学标准"。

"评估第一步抓好质量，质量是名校集团化战略的命脉。"马冬娟说，西湖区在实践中总结出了4条衡量名校教育集团办学成功与否的标准：一是集团是否建立了统一的质量基准，二是教师是否愿意在集团内学校自主流动任教，三是集团学区内学生是否愿意就近入学，四是家长是否对集团学校具有较高的满意度。

除了建立标准，西湖区还对参与名校集团化战略的学校实施"捆绑式"绩效评估。例如，针对紧密型教育共同体，每学年末，区里会组织专家开展专项评估，内容包括以下几项：支援学校是否在学科教研、骨干教师培养等方面对受援学校做出相应支持并取得一定成绩；共同体双方是否获得共同发展；学生、家长、社会满意度是否均有所提高；等等。

同时，区内还建立共同体退出机制，对于在学年共同体绩效考核评估中不合格的紧密型教育共同体，允许双方解除关系。而对于集团化办学各校区，区里也实施"捆绑式"考核，结合各校区考核结果确定集团化办学考核等级，并在评估考核的基础上，对考核合格及优秀的学校给予相应奖励。

2018年8月，西湖区在原有奖励制度基础上出台了《西湖区集团化办学专项经费管理办法》，提出对在年度捆绑考核中表现优秀的集团学校奖励系数为1.2，合格的奖励系数为1，不合格的不奖励，用真金白银激励母体学校和新学校齐头并进。

提速队伍培养，相信年轻人和校长的能力

集团化办学后，学校的规模越来越大，作为管理者，需要承担的责任也越发重大。这让不少学校产生了顾虑，不太敢把年轻人放到一些艰难险重的岗位去历练，培养的速度缓了下来，整体作风变得保守起来。

"这对年轻人可不是好事，集团化办学怎么能少了青年干部队伍培养这一环？后继无人，西湖区教育的未来靠谁发展？"马冬娟及时察觉到了这股风气，并大力推进改革。"黄建明29岁，我28岁，周爱芬30岁，当年我所在的求是集团化办学初创团队就是一群年轻人组建的草台班子，但就是这支年轻人的队伍，靠着局里的宽松管理，靠着一腔热血，杀出了一条路。有道是'一代更比一代强'，现在的我也选择相信年轻人。"马冬娟创新地将具体的招聘需求、要求、过程等都放权给学校自主决定，并大力提拔青年干部，让他们到艰难险重的岗位历练、崭露头角。

历经多个岗位和多所学校的锻炼，1990年出生的沈婉君已经是文溪中学校长了。出任校长后，她熟悉校园，随同家访，一线听课，干劲十足。工作第二年第一学期被提拔做大队辅导员，工作第二年第二学期被提拔做德育主任，工作第六年被提拔做集团副总校长。1993年出生的杭州市西湖小学教育集团（总校）副总校长李海莉是目前西湖区最年轻的一名校级干部。雨天的"爱心伞桥"、构建"粮心"特色课程……李海莉的教育理念和做法令人耳目一新，给校园带来了活力。

马冬娟认为，不仅要相信年轻人的活力，更要相信校长的能力，"局里邀请城区老牌名校去承包新校，主打的就是信任，相信他们能把新学校当

成自己的孩子一样运营好，当年局里也是这样无条件地相信我们的"。在西湖区教育局的支持下，保俶塔实验学校老校长陈竹根、西湖区青少年宫主任王青、闻裕顺学前教育集团总园长陆秀芳……一批教育老将率领团队"西南飞"，把优质教育资源送到郊区和乡间。

2018年上半年，西湖区引进省级特级教师等名师名校长6人，省优秀教师、教坛新秀3人，市区优秀人才51人，招聘优秀应届毕业生213人，数量、层次均创历史新高，为新一轮发展积蓄了力量。这一年，西湖区还新晋省特级教师7人，选拔区、校两级学科带头人1362人，形成了更大的西湖教育高层次人才库。

新鲜血液的涌入，让梯队人才培养的蓝图得以落地实施。2018年，西湖区建立起"教研员、学科带头人、名师工作室"联动机制，成立了"项目制首席教师工作室"115个，完善了"教坛新秀—学科带头人—区首席教师—名师后备人选—特级教师"五梯次培养工程，使更多优秀的人才充实到学校，让学校的自主办学有了更强的人才支持和保障。

到当年底，全区组建了名师工作室99个、设立分站67个，培养成员1000余人，其中农村学校教师占50%。区内实施"四同三共享"教师专业培训机制，即"共同教研、共同科研、共同培训、共同发展，共享前沿信息、共享教育资源、共享发展成果"，有力地促进了农村学校骨干教师队伍建设。

要引进来，更要培育好。马冬娟是西湖区集团化办学20年历程中，唯一一位曾在教育系统外正式工作过的正局长。在区计生局、区审计局的工作时间虽然不长，但对马冬娟的影响却不小，"我们要跳出教育看教育、立足全局看教育、着眼长远看教育"。上任局长后，马冬娟不仅积极安排组织青年干部到外系统挂职锻炼、拓宽视野,还为人才发展搭建了多条路径。

在西湖区,教学能力出众的教师可以走专业路线,上公开课,写论文,争做第一、二层次学科带头人;擅长德育工作的,可以走管理路线,当班主任,做中层干部……在马冬娟勾勒的西湖教育蓝图里,学校数量不断增加,系统体量不断扩大,各路人才都能拥有自己的发展空间。

此外,西湖区还在全省率先出台了优秀教师交流共享政策10余项,积极推进教师交流工作。2017年,全区义务教育学校教师支教41人、交流教师287人,其中骨干教师交流25人,达到符合交流条件骨干教师总数的25%,并实施校级干部交流轮岗制度,城区校长到偏远学校任校长,农村校长到城区学校任职。

在诸多政策的推动下,西湖区教育系统的优秀干部一茬茬地成长,他们遍布312平方千米的西湖大地,构成了各级各类学校的四梁八柱和骨干队伍,让家门口上好学成为现实。

推进教育治理现代化
西湖区集团化办学灿然一新

    时光刻下一圈又一圈的年轮,一回首,20年已过。如果将集团化办学比作一个孩子的话,如今已经长大成年,日渐成熟了。没有了孩童时的张皇失措,没有了青春期的躁动不安,集团化办学渐行渐稳。当然,它不再是个单纯的词汇,而是深入西湖教育人骨髓的基因。

2022年6月,西湖区教育局局长汪培新与孩子们在一起。

走进西湖区教育局，一楼大厅有三行字格外醒目：面向全体学生，落实全面教育，保障全程生长。这是创建"共同富裕示范区"背景下，西湖教育人对全区人民的许诺，西湖区教育就此进入"高质量全域优质"发展阶段。

什么是"高质量全域优质"？

首先，要面向全体学生，每一个都很重要。学校是给学生带来欢乐、希望、成长和发展的地方，是师生共生共长的家园。西湖区域内的14万多学子，每一个都要享受优质、宽大、温暖的教育，体验生命中的精彩，期盼充满希望的未来。

其次，落实全面教育，每一育都很重要。校内校外联动，促进孩子"德智体美劳"全面发展，即五育并举、五育融合、全面育人，要培养学生学会学习、健康生活、创新实践，有责任担当、科学精神和人文底蕴，让他们具备能够适应终身发展和社会发展需要的必备品格和关键能力。

最后，保障全程生长，每一段都很重要。学前、小学、中学……每个阶段都有独特的意义，每个阶段都要顺势生长，都是独特而不可复制、不可逆转的。儿童期是每个人身心生长最重要的阶段，这阶段的适性成长将保障孩子的未来发展，要让优质教育伴随西湖人从幼儿开始的人生全过程。

汪培新上任局长后，西湖区领办了教育部重点课题"共同富裕背景下集团化办学机制突破和模式创新研究"。由集团化办学出发，西湖教育还能做些什么？集团化办学让西湖教育得到了什么？集团化办学路上，西湖教育人走过哪些弯路？又能给后人带来哪些启示？站在当下，回望过去，走进21世纪的第二个10年，西湖区教育系统深挖集团化办学的潜力，追求"高质量全域优质"，让老百姓在"能上学""上好学"的基础上，"乐意"在家门口上学。

"放管服"改革后的"多模共生"

"我是从学校里出来的，很清楚校长的需求，局里时常松松手，学校能发展得更好。"汪培新说，自己是个"懒"局长，基本不太会率领科室负责人，到底下学校去指挥工作。

汪培新算了一笔账："一来，学校迎检必然牵涉到准备资料，耗费人力物力，耽误正常的教学秩序；二来，学校发展存在哪些毛病，校长肯定心里有数，一些问题为什么拖成了沉疴痼疾，校长肯定也是清楚的。局领导在不了解整体情况的背景下，贸然提要求、压任务，就是没有处理好依法行政与自主办学的关系，教育局要干的是'锦上添花'与'雪中送炭'的事情，不是越俎代庖，要尊重学校自主办学权，鼓励学校办学自觉、自我赋能，实现自主生长。"

汪培新的信任和放手在集团化办学这件大事上，得到了最好的回复。嘉绿苑小学嘉益校区、景汇校区、新城校区、古荡一小，103个班级4500余名学生300多位教职员工……2022年开始，嘉绿苑小学校长郑祖耀兼任古荡一小校长，有了共同的领头羊，两所集团化办学学校变得更"亲密"了。

为什么要申请兼任校长呢？郑祖耀有自己的打算："集团化办学，自然是要你中有我，我中有你，成为一个集体。但是之前学校的第一责任人不同，彼此之间有疏离感，教师流动、活动安排、考核都遇到了困难，且一方也没办法完全掌握另一方的基本盘，帮扶也不一定能帮到心坎上。如今同一位校长坐镇，我对两所学校的情况都清楚，古荡一小就像嘉绿苑小学的另一个校区一样，遇到问题，集团内打个电话就解决了，不用事事开会协调了。"就这样，两所学校进入了全域优质发展下的"新名校＋"办学阶段，古荡板块的教育资源得到优化。

同样申请"牵手"的还有省教研室附小和翠苑二小，省教研室附小校长田巧玲同时担任两校校长。2022年还成立了浙江省教育厅教研室附属小学教育集团。而随着这两所同属翠苑板块的学校"牵手"，翠苑二小的教师们迎来了一波福利，他们的课堂也能有省教研室教研员们的随堂听课，所做的课题项目也能得到省教研室教研员们的指导，教研员们还带来了自己的外部资源，或邀请名师讲座，或出去考察学习。成为"一家人"之后，翠苑二小的师生享受到了更多的优质资源。

2023年，学军小学教育集团校长张军林走马上任，兼任了九莲小学的校长。这也让九莲小学想要进步的教师看到了希望，现在教师申报高级职称需要支教经验，可支教学校着实不好联系，如果出去支教，学校排课也有困难，好几位教师都卡在这个关口。有了共同的校长，九莲小学的教师们可以前往学军小学教育集团云栖小学支教，而且是集团内部支教，相关教学工作的调整也能内部消化，为教师们省去了烦恼。

这3所学校的"牵手"经历也验证了汪培新的一个设想：多模共生。"他们走的这条路，就是当年我在学军小学任职时走出来的，学军小学校长兼任转塘小学校长，兼任后效果很明显，调动资源轻松多了，转塘小学变化也很大，这是进一步深化集团化办学的一种新模式。"汪培新说，这种模式有可取之处，但不是唯一的模式。他坚信，不同的教育共同体在发展到一定阶段后都有自己的模式，例如，紧密型教育共同体、教育联盟、"名校＋"，等等。"西湖教育这片天地足够大，我们尊重每一种模式，尊重每一种能让孩子们乐意在家门口上好学的模式。"

每所学校都有公平的成长空间

集团化办学，众多学校组成一个集体，不是要损你家、肥他家，而是要营造公平的成长空间。

从法律意义上来说，每一所学校都是独立法人单位，都有法律赋予的独立主体地位。看似是平等的，但是学校在发展过程中还会面临发展机会上的不公平，即隐性的不公平。

什么是隐性的不公平？例如：有的学校规模大，有的学校规模小，在遇到一些大的活动资源时，大块头就占了便宜；有的学校地处核心，交通便利，周边办学资源多，有的学校地处偏远，天还没黑，就没了公交车；有的学校校长是省特级教师、名校长，有社会名望，有强大的外部资源网，有的学校校长是新手上任，既面临师生和家长的信任危机，又缺乏外部资源支持。种种背景因素的不同，带来了发展过程中学校间的机会和潜在资源的不平等。

而更关键的是这份先天不足会慢慢磨掉弱小学校师生心中的希望，灭掉他们眼中的那团火。希望没了，火灭了，办家门口的好学校就成了镜花水月。

在汪培新看来，教育部门在制定制度、政策时，就要看到这份不平等。他说，局里出台的制度政策有点像太阳，是普照普惠的，可就算是烈日当头，也会有阴影。就像一棵大树旁有棵小树，一所大学校旁边有所小学校，属于小学校的光会被大学校遮住，小学校的发展机会自然就会少些。如何让阳光普照大地？这就涉及教育行政管理的策略，涉及显性公平和隐性公平的问题。

显性公平指向人的手和脚，相对好解决。在漫长的集团化办学进程中，西湖区狠抓硬件，拿出真金白银，给所有学校装上热水系统、改造厕所、安装护眼灯等，实现了从无到有再到优的华丽变身，确保了教育优先发展的合格线。

但是直指人心的隐性公平，不好解决。共同富裕背景下的教育公平，地方政府就是要硬磕隐性公平。隐性公平是平衡显性公平后的机会再分配、再调适、再激活，是指向共同富裕特征的公平。教育部门要在保障分配公平的基础上，通过行政力量统整各类资源，借助良好文化氛围的柔性调适，协同家庭、社区、社会等力量更多地去调动外部资源，给每一所学校信心，以激发每一所学校的内生动力，让学校觉得"我能、我行、我可以"。

汪培新介绍，近年来，西湖区在保障制度、政策公平等显性公平的基础上更注重统筹，兼顾隐性公平，重点处理好三对关系，为区域内的每一所学校提供发展的动态支撑，推动整个区域教育的公平发展。

第一，局与校之间的资源统筹。重视微观的、不易分配的教育资源的合理配置，特别是在物的平等的基础上更加关注人的多元需要。一方面，基础资源实现普配，即统一配置；另一方面，在校舍条件、经费保障、教师队伍建设上，根据不同学校的实际需求持续进行教育资源优化配置。注重关心和帮助相对薄弱的学校，在"锦上添花"的同时"雪中送炭"，帮助薄弱学校得到更多的资源支持，以实现共同富裕背景下齐头并进的协同发展。

第二，校与校之间的合作借力发展。西湖区坚持了20年的集团化办学是统筹校校之间发展的很好机制。无论是名校集团化、紧密型教育共同体,还是教育联盟等集团化办学的形式,都注重小依大、弱依强、优势互补、借力发展,让小学校或者发展一般的学校搭快车,让其发展的平台更大、机会更多,让教师们的视野和格局更加开阔。进入新阶段后,重新就近统整名校和小规模学校,让小规模学校融入大规模学校,并以大规模学校的发展驱动小规模学校的发展。区域教育只有让所有学校都共享区域发展的平台,其整体水平才能提高。

第三,人与人之间的正向激励赋能。在推进教育治理的过程中,人是核心。没有人心灵修养水平的提高,一切规章制度、条条框框,乃至号召和言语,都将成为虚无,没有力量。西湖区更多地肯定、鼓励弱小学校的发展与进步,相信赞赏的力量,相信信任支持的力量,提升学校治理者的修养和良知,使其独立、主动、自信地承担岗位责任,用心做教育,进而赋能学校发展、赋能教师成长。人心是最大的政治,人心是最强大的力量,这种力量使学校凝聚起强大的前进动力。

注重隐性公平,让更多弱小学校看到了希望,西湖教育走入良性循环。例如,在局里的支持下,十三中教育集团(总校)把学习能力强的"三表生"调剂到了邻近的嘉绿苑中学。生源均衡后,学校教师看到了希望,工作也有劲头了,外面学校的教师也愿意流动过去,形成了良性循环。

在党委、政府的领导下,西湖区教育局根据区域经济社会发展情况,保障教育优先发展的基础性条件,并通过加强党的全面领导、科学规划引路、行政管理推进、动态评估指导等方式,不断营造出一个有助于各类学校均可持续发展的生态环境。

集团化办学永远在路上

2022年11月，杭州市袁浦中学、杭州市周浦中学正式成为杭州市之江实验中学教育集团的成员单位，并举行了揭牌仪式。从十三中教育集团调整到之江实验中学教育集团，集团与学校之间离得更近了，集团对学校的帮扶更深入。

为什么要调整集团构成？汪培新说，20年来，区里成立了好多教育集团，有些成效好，有些成效一般，局里一直在分析研究原因，发现地理位置是很现实的问题。"有些母体学校距离领办的新校有二三十公里，开车来回一趟要一个半小时，考虑到时间成本，很多共学共研被搬到了线上，双方长时间没办法面对面接触，成效就会减弱很多，彼此的教师也缺乏同一集团的归属感，且教师流动牵扯到上班路途遥远，也很难推进下去。"针对这样的情况，汪培新对目前现存的集团化办学进行了优化配置，秉承就近结对的原则，方便各校增加线下互动交流频率。

回望20年，看待集团化办学，西湖区还在评价方式上动刀子。"我常常想，业内人士觉得差不多的两所学校，社会评价为什么会有那么大的差距呢？这会不会是我们自己过多的评奖、授牌带来的？给一部分基础比较好的学校不断颁奖牌、授荣誉，从而形成所谓的名校与普校，给教育治理带来了困难。"汪培新着力淡化名校标签化和统一的横向比较式评价，加强对学校办学和管理的过程性评价，不断完善学校生态评价体系改革，让不同规模、不同地域、不同发展水平的学校都得到公平公正的评价。

首先是指标创新，实现"三改一促"。构建"5＋1"学校生态评价体系，从改进管理、改进教学、改进环境三个维度来促进每一所学校健康发展。西湖区教育局通过"依法治校奖""教师发展奖""学生发展奖""后勤绩效奖""创新发展奖"等"五张奖状"来衡量学校，再采取"一校(园)一报告"的方式，从环境效能、领导效能、改进效能等几个维度给学校画像，让学校在全区范围内找到自己的位置，从而明确自我改进与提高的方向。与以往的评价方式相比，这一评价体系更加注重学校办学的过程和师生成长的质量。

其次是工具创新，实现"三环三力"。各学校"对症下药"，进行归因分析、提出行动计划，教研员和评价员下校跟踪帮扶，改进实践，最后再评价，实现数据闭环、服务闭环、治理闭环(即"三环")。运用全流程项目管理，通过督导评估中心的推力、研究院的助力、学校的内驱力这"三力"合作帮助学校制定可跟踪、可测量的改进行动。

最后是反馈创新，实现"一校(园)一报告"。用动态、发展的视角评价学校，并引导不同层次的学校通过努力，在原有的基础上有所进步，激发办学的自信心，从而避免由于地域文化差异、办学历史长短、生源结构不均等原因对学校发展评价不公平。

而面对学生，西湖区积极推进"五好学生"评价工作，即行为品德好、学业能力好、身心发展好、艺术审美好、劳动实践好。逐渐淡化以往的选拔性"滋味"，更多的是对孩子成长的激励，只要努力，人人均可争当"五好"。

以梦为马，不负韶华；流年笑掷，未来可期。从集团化办学到教育现代化，面向未来，汪培新的脑海中勾勒了一幅美好的发展新图景：以"高质量全域优质"为目标，从思想上和行动上不断优化创新治理模式，继续朝着

"让每个学生适性生长，让每个学生都拥有向上生长的力量"这一方向，构建更公平、更高质量的教育治理新格局，探索"教育共富"新途径。

首先，要进一步关注人的全要素发展。我们要为学生的身心健康、全面发展做好服务。要进一步创造条件落实立德树人根本任务，推进德智体美劳五育融合的教育，促进学生作为一个完整的人的综合协调发展。这就像马克思说的"人的全面发展"——人的精神和身体、个体性和社会性都得到普遍、充分而自由的发展。

其次，要进一步关注人的全过程发展。人的学习与进步是全生命周期的，所以教育也是关乎人全生命周期的事。我们既要为各学段的学生提供适切的教育，努力让所有学生都能进入与之适切的学校求学深造，获得持续的提升。更长远来看，就是要让他们在走入社会后，可以获得与个人能力相适切的工作岗位，享受为社会服务、为国家做贡献的快乐，感受到自己生命的意义和价值所在，并在此过程中增强学习持续进步、意义和价值提升的动力。

最后，要进一步关注人的全领域发展。人是一切社会关系的总和，每一个人的成长都受各种复杂的环境和关系的影响。教育要打开学校的围墙，更加开放，更加立体，要协同学校、社会、家庭全方位育人，教育高质量发展应该落实到学生成长的各个领域，形成和谐向上的生态氛围，要为其在各个生活领域的自由、全面、丰富的社会实践，社会交往和社会关系提供空间和条件。

截至2023年，西湖区已建成19个教育集团，共涉及学校48所，占全区学校数的55%。追求有质量的教育公平是一种爱的体现，集团化办学则代表了西湖教育最纯洁的爱，其背后蕴含的教育治理现代化思想。让每一所学校都能自由生长、特色发展，让不同个性特长的孩子都能获得适性发展、健康成长。这是汪培新追求的目标。

顺势而为：
西湖教育集团化办学的十大样态

几个求是一个标准

一、集团发展概述

杭州市求是教育集团创建于2002年,是全国首个以实现基础教育均衡化为目标的公办基础教育集团,可谓开创了名校集团化办学的先河,为西湖区集团化办学提供了不可或缺的优质蓝本,成为教育公平化发展时代

2001年9月,求是小学华立星洲校区落成典礼举行。

2022年 集团下属求是（和家园）小学实施相对独立管理。

2021年 紧密型教育共同体富阳区富春第九小学正式开学，求是开启名校集团化跨区域办学新篇章。

2018年 集团下属求是（之江）二小、浙大二附小正式开学。

2013年 集团下属求是（竞舟）小学、求是（星洲）小学设立独立法人，实施相对独立管理，培育集团化办学新母体。

2012年 集团与杭州市西溪实验学校小学部结成紧密型教育共同体，求是（西溪）小学正式挂牌。集团下属学校求是（和家园）小学正式开学。

2004年 参加杭州市钱塘外语学校组建工作，成为名校教育广场的探索者之一。

2002年 成立杭州市求是教育集团。原求是小学的3个校区，分别更名为浙江大学附属小学、求是（竞舟）小学、求是（星洲）小学，求是教育集团成为全国第一个公办基础教育集团。

2001年 求是小学华立星洲校区成立。

1999年 创办求是小学竞舟路校区，标志着求是小学连锁办学迈出了坚实的第一步。

1957年 浙江大学在求是村创建附属小学，定校名为求是邨小学。

杭州市求是教育集团办学发展历程图

的先驱和典范。回望求是集团化发展之路，求是人始终牢牢坚守"让更多的儿童享受求是优质教育"的目标，从1999年起连锁办学，2002年经杭州市西湖区人民政府批准，成为全国首个公办基础教育集团，2004年开启深度探索名校广场办学模式，直至2012年，形成紧密型教育共同体。2013年，集团下属学校设立独立法人；2019年，下属学校成为集团化办学的新母体校，竞舟和星洲分别开办了竞舟二小和星洲二小。2021年，求是开启跨区域合作办学新篇章。

求是教育集团作为全国第一所公办集团化学校，在全国最早开启义务教育公办名校集团化办学探索，积淀了20多年优质教育资源和经验。在共同富裕背景下，集团不断创新集团化办学模式和机制，让集团化办学在实现共同富裕教育优先过程中发挥更大作用，实现了"多型·共存"的集团化办学模式创新。目前，求是教育集团有"一体型"整体连锁办学模式，"紧密型"区内渗透办学模式和"衍射型"跨区合作办学模式。那么，在集团化

2023年3月，杭州市求是教育集团举行教育部重点课题推进暨集团成立20周年庆祝活动。

办学过程中,新学校办学质量是如何做到和母体学校一样的？求是的集团化办学质量是怎样实现让老百姓信任的？求是教育集团是如何做到办一所优一所的？

二、实践探索

正如"一流企业做标准"的观点已被企业界所认同一样,制定管理标准和制度成为教育集团发展的重要一步。求是各项管理、岗位、奖惩制度的制订,使集团内部管理更加专业化,让学校从传统的"人治化"走向了现代管理的"标准化、制度化"。制度化的工作岗位职责是管理的准则,更是集团进行教育质量监控的准则。尤其在集团化办学中,再好的制度如果不能恰当"嵌入"集团管理结构和各学校文化中,长此以往,容易产生"排异反应",管理制度和标准被搁置,难以发挥规范与引领效应。求是的集团化办学之所以能得到老百姓的认可,能做到办一所优一所,正是因为在集团化办学过程中始终坚持"几个求是一个标准"的理念。

(一) 一个文化标准,奠定集团化办学思想基础

学校文化是一所学校区别于其他学校的重要标志。从学校组织角度来看,文化体现在两个方面:一是内隐文化,包括观念、心理等精神要素;二是外显文化,由物质文化、行为文化、制度文化等组成。名校之所以有名,在于深厚的文化底蕴,表现出治学严谨、人文关怀、理想追求、创新激情。只有优秀的学校文化才能孕育出优秀的学校教育,学校文化是凝聚学校群体成员的重要精神力量,是学校发展的强大内驱力。集团化办学的过程是

一种先进文化对另一种先进文化的认同、引领和融合。求是小学拥有60多年的办学历程，凝聚了浓厚的历史文化底蕴，一代代求是人赋予其不断发展的时代气息。

在集团化办学过程中，学校文化起了先导作用。首先，描绘共同愿景，凝聚行动共识。杭州市求是教育集团在连锁发展的过程中，不断地总结、挖掘、提炼学校发展的历史文化，为学校内涵发展解决理念支持问题，为学校扩展发展打下了内驱基础。求是教育集团前身为求是小学，系浙江大学附属小学，创办于1957年，文化积淀深厚。学校提出"打造适合孩子成长的教育"的教育理想以及"把学校办成少年儿童健康成长的乐园，让更多的儿童享受求是优质教育"的办学目标。在此基础上，学校进一步提炼了校园文化核心——"求是"精神。"求是"精神包含改革精神、科学精神、奋斗精神。改革的内涵是创新，科学的内涵是求真，奋斗的内涵是奉献，三者融为一体，构成了求是人共同的价值取向。在日常教学过程中，教师员工浸润着"求是"精神，培育出适应新型集团化学校发展模式的校园文化体系，保障了新发展学校在文化理念上的统一。

其次，"横纵"联合推进，传播母体文化。学校的办学思想体系是求是教育集团的文化优势，是推进各校区间教育优质均衡发展的原动力，因此学校不断在"横纵"两方面使之发扬光大。一方面，集团在横向上将凝聚求是文化精髓的制度、管理、师资等输出到新校。老校用什么制度标准，新校就参照统一执行。为了鼓励更多优秀教师到新校工作，集团搭建了更多的专业成长平台和管理岗位平台。另一方面，集团纵向通过榜样引领、信息烘托、制度导向、人文孵化等举措，与时俱进弘扬求是文化，为集团化办学的成功奠定了扎实基础。求是集团化办学中以母体学校文化先导，新校文化反哺。从母体学校视角看，通过师资输出、制度输出、管理输出进行横向传承，通过榜样引领、信息烘托、制度导向、活动体验、人文孵化等举措进行纵向打造，将求是优秀学校文化移植到新校中；从新学校视角看，在接受、适应、融合的过程中，找到文化生长点，随之又反哺到老校，使得新老学校不断优化、提升自身的优质品牌，从而使求是的学校文化更具包容性、融合度和创造力。

最后，鼓励特色创生，促进各美其美。学校文化一定程度上决定了学校教师的价值取向，教育集团要不断地发展，就必须将校园文化提升行动作为学校发展高位战略。如在连锁办学集团化顶层设计中，集团必须回答好这样的问题："为什么我们要勇于承担社会的历史责任？""为什么我们把'让更多的儿童享受求是教育'作为办学目标？"等。学校的发展有赖于文化的引领，学校要不断弘扬优秀传统文化，与时俱进培育发展学校文化。要使每一个学校成员都清晰地认知理解学校的文化、发展战略，认同学校发展的共同愿景。在推进集团化办学过程中，求是教育集团清醒地认识到，每一所新校都不是老校的简单复制和克隆。新校既要吸纳和传承求是的优势文化，又要结合自身生源和地域等特点形成学校特色。因此，求是教育集团在输出总校母体文化的同时，往往以新校开办为契机，组织全体教师围绕"我们应该办怎样的学校""我能为新学校发展做什么"等问题开展深入讨论。在求是教育集团母体文化培育和新校特色文化凸显的巧妙融合中，新校焕发出勃勃生机。

（二）一个管理标准，促进集团化办学高效优质

教育集团化学校从整体成型到优质高效，直至实现持续发展，必须积极应对管理挑战。学校高层管理者必须保持竞争的警觉性，理性冷静，深刻认识，坚定变革的态度与决心，依据现代管理组织理念，根据集团化学校的发展程度，及时相应地调整管理结构与组织，建立适合的管理流程与相适应的管理制度，保持集团化学校有序高效的运转，实现集团化学校整体优质持续的发展。不同的集团化学校往往具有自己独特的历史传统、文化背景、教育理念、教育策略，不同的学校需要依据自身的个性和发展需求，规划设计其管理的组织结构。

其一，扁平化管理保障信息流动畅通高效。集团化办学过程中，由于管理机构和流程众多，往往会出现管理信息失真、思想传达不到位、流程异化等问题。为此，集团形成了扁平化的组织管理架构，精简管理机构，集团减少管理层级，将原来集团领导班子和各校区领导班子整合成一套，集团下属学校的负责人由集团副总校长兼任，从而形成扁平化的组织机构。在集团内，总校长负责提出管理思想，各副总校长在管理业务"线"上集团内（各业务领域）统筹，在"块"上兼管一个下属学校，每个学校的中层干部负责本校"线"上日常管理工作的执行落实。随着集团化办学规模的扩大，集团内需要协调管理的事务也相应增加，如果对于各项事务的处理都需要从下往上直至领导班子做出决策，那么显然会降低工作推进的效率。为此，集团下移管理重心，改善管理者的职权配置，让各层面管理者都有一定权限，可以在各自权限范围内根据集团制定的统一管理制度和标准做出决

策。这样不仅提升工作效能，也培养了管理者自身的决断力与责任感。同时，动态把握"条""块"结合的"度"。在对集团各校的管理中，如果过度强调"条"上的力量，那么就不利于各校的特色发展；过度强调"块"上的力量，又不利于集团思想的统一贯彻落实。因此，在集团下属学校创办的不同阶段，要科学把握"条""块"结合的度。例如：在新校开办初期，可以加强"条"上的力量，把集团的管理思想、文化内涵、优质资源辐射到新校，使之在新校落地生根；新校经历几年的办学，相对成熟后，则需要加强"块"上的发展，以形成各自的发展特色。

其二，标准化管理促进优质资源均衡辐射。标准化管理是真正造就"求是"品牌效应的保证。集团化办学必须走出"人治"的陈旧管理模式，必须提炼"求是"这一品牌的管理质量标准，通过标准化的工作流程，保证连锁办学的教育教学质量。随着办学规模的扩大，教育集团每年都需要引进大量新教师。这种情况下，依靠传统口耳相传的办法，已无法解决日常教学中出现的问题，迫切需要集团从传统的"人治"管理走向现代化的"制度化、标准化"管理，以保证集团教育质量的优质均衡。一是修订完善制度体系。求是教育集团在日常管理中，以问题为导向不断对原有各项制度进行"打补丁"升级，增加可操作的程序性、规范性、激励性文件，形成各领域管理制度共计300多项，使之成为集团干部及教职工管理执行的标准。2012年，杭州市质量技术监督局将求是教育集团确立为全市唯一一个"集团化办学管理标准化试点"项目，使求是教育集团成为其他学校集团化办学的参照。二是统一教学质量标准。为避免集团化办学中优质教育资源被稀释的现象，集团科学制定了统一的教学质量标准，并要求下属各校不管自身条件如何,遇到多大的困难,都要统一执行达标。求是教育集团的教学质量标准围绕学生发展分为德育、智育、科研、身心健康4个部分,每个部分都有具体的分级指标,所有指标综合构成求是教育集团下属各校学生小学6年学习生活应该达成的质量目标。三是明确岗位目标管理。为了使集团内各项管理制度和质量标准真正落地,求是教育集团把制度标准细化为各项操作细则,并根据不同岗位工作要求,设计出30多项《岗位目标责任书》,每学期初,全员签订目标责任书,期末进行考核。在每项制度的制定完善过程中,学校会广泛听取教职工的意见和建议,体现"制度硬、方法软、机制活"的管理思想,让学校管理充满人文性和生命力。

其三,数字化管理助力优质资源共建共享。当集团发展到拥有多所学校时,由于校区间地理位置跨度加大,资源无法实时共享,容易出现老校优质资源集中、新校优质资源匮乏的现象。为此,集团借助数字化管理方式,有效解决了上述问题。首先,建立数字化资源平台。为了实现集团内各校间优质教育资源共享,集团开发了网络资源库,并根据德育、教学、科研等多种业务模块进行分类,确保优质教育资源在集团内的建设与传播。其次,实施移动式办公管理。随着新型移动办公软件和终端的广泛应用,求是教育集团的网络化管理从最初只依靠校园网,转变为综合使用微信、钉钉等网络办公软件,以及手机、平板电脑移动终端,从而让管理更便捷,让师生、家校间的沟通更高效。最后,开发个性化教育资源。为了满足教师对于教育教学资源的个性化需求,集团一方面根据实际,整合各方平台,创新研发各类教学资源;另一方面,集团还与互联网企业合作,推出数字化行政管理操作手册、学生日常行为规范及所属领域的微视频资源等,供教师们选用。

（三）一个团队标准，有效提升集团"造血"机能

首先，打造精干流动式管理团队。打造一支顾大局、有担当的管理干部团队是提升集团各校"造血"机能的重要环节。为此，集团探索各种方式打造优秀干部团队。一是通过母体学校选派、下属学校选拔等方式大胆起用年轻干部，让更多有思想、有干劲的教师参与学校管理。二是定期组织干部团队基于管理问题开展案例式学习交流。三是通过轮岗培养，完善各层次管理干部的知识和能力结构，保证集团管理的高效运作。在集团化建设中，这支管理团队是可以流动的，可以根据需要调配到任何一个校区。

其次，培育专业互动式教师团队。集团办学规模的扩大势必带来师资的扩招，需要让大量新加入的教师得到快速成长。集团采取了对教师统一招聘、统一调配、统一培养的做法，尤其在培养方面下大力度，通过实施分层培养机制、多元评价机制等办法，鼓励每一名教师积极进取、快速成长。例如，集团内设置名优教师奖励机制，每年从教学、科研、经验辐射、理论学习等方面对教师进行考核奖励，鼓励不同层次的技术人才不断进取，创造更多业绩，使一大批年轻教师脱颖而出。

最后，构建互助支援式项目团队。求是教育集团拥有一大批在省、市、区具有影响力的特级教师、教坛新秀、学科带头人，他们是集团宝贵的教育资源。为此，集团建立了各种形式的学习互助团队，让教师在交流分享中共同成长。例如，集团每年产生的最新版本的"共享教案"就是集团骨干教师集体智慧的结晶。各学科教师上课前根据学生实际，在"共享教案"的基础上认真修改，逐年完善。又如，集团充分发挥骨干教师的引领作用，组建

各学科研课团队,定期开展各类特色教研活动,借此提升师资整体水平,保证集团内各校教育质量的优质均衡发展。

三、成效与思考

"求真务实"是求是的底色和初心,改革创新一直是求是的成功基因。在20多年集团化办学实践中,求是教育集团共计新办或以共同体方式合作办学10余所,实现了优质教育均衡化、最大化、平民化。面对时代挑战,求是教育集团不断探索创新,集团化办学由传统的"经验型管理"走向了现代学校治理,成为集团化办学的成功典范。

（一）辐射引领,凝练集团化办学的"求是之道"

求是20多年的集团化办学之路,是一条不断探索创新的发展之路。2005年,集团课题"求是教育集团化办学模式的实践研究"成功立项为省级课题。2007年,集团化办学专著《为了教育公平——名校连锁集团化办学探索》正式出版。2008年,求是"名校集团化"探索发展模式成功入选"浙江省改革开放三十年典型事例100例"。2018年,以求是集团化办学为主要事例的名校集团化模式入选由《浙江日报》推出的庆祝改革开放40年特刊"我的家国记事本40年40人"。2019年,集团成功承办第二届全国中小学管理理论与实践融合研讨会,集团化办学经验"求是之道"亮相研讨会并发表在全国核心期刊《中小学管理》杂志,全面展示了近20年来求是集团化办学的辉煌成果。2022年,集团课题"共同富裕背景下集团化办学机制突破和模式创新研究"成功立项,列为全国教育科学规划教育部重点课题。这是本次教育部重点课题中唯一一项集团化办学研究课题,也是教育部重点课题中唯一一项浙江省的义务教育阶段课题。在几代求是教育人的不断探索和总结下,求是教育集团提炼出了以"文化先导、管理创新、锻造团队"为核心的集团化办学"求是之道",形成了"以育人为核心、把健康放首位、以质量塑品牌、以活动促发展、以开放凝合力、以交流拓视野"的办学特色。20多年来,集团充分发挥浙江大学附属小学的资源优势,与浙江大学紧密合作,积极开发求是少年创新科学院项目,聘请中国科学院院士、浙江大学教授唐孝威担任名誉院长,成立少科院校外导师团,聘请涵盖光电科学、航空航天、能源科学、化学、数学、工学、社会科学等多个领域的浙大知名学者教授担任导师,开展一月一期的导师进校园活动,为少科院建设提供强有力的智力支撑。活动得到了包括中央电视台在内的多家媒体的关注和报道。集团曾获全国德育实验学校、国家级绿色学校、全国"创建适合学生发展的学校"实验学校、国际生态学校、浙江省首届文明校园、浙江省首批省级示范性教师发展学校、浙江省美丽校园、浙江省现代教育技术实验学校、浙江省教育科研先进集体、浙江省体育艺术特色学校、浙江省"千校结好"特色学校、杭州市先进基层党组织、杭州市教育国际化示范学校、杭州市美丽学校等30余项综合荣誉。

(二) 名师荟萃,打造集团化办学的"人才摇篮"

求是教育集团倡导"以学为本"理念,通过分层培养机制、"求是系列"校本研训项目,让求是教育集团成为教师成长的摇篮。对青年教师提出"一年熟悉,两年胜任,五年挑大梁"的奋斗目标。对第一层次教师,即第一年的新教师，实行合格性的培养。对第二层次教师，即工作2到5年的教师，进行提高性培养。对第三层次教师，即工作5年以上、工作业绩出色、发展潜力较大的教师，进行拔尖性培养，目标是打造成各级学科带头人，形成金字塔型教师培养体系，让不同层次的教师都承担"造血"的职能，使每一位教师都有自己事业发展的空间。一代又一代求是人自加压力、勤勉担当，办起了一所又一所让老百姓满意的好学校。集团培养和输送了大量人才，先后培育了近10名特级教师及一大批优秀教师、校级及以上管理干部。求是教育集团成为教师发展的沃土、集团发展乃至区域教育发展的人才孵化器。

（三）社会认可，成为集团化办学的"成功典范"

20多年来，求是真正实现了"办一所、优一所、强一所"的目标，赢得了社会与家长的广泛认可与支持。2004年，时任浙江省委常委、杭州市委书记王国平带领市委、市政府领导视察集团。此后，集团化办学在杭州市大力推进。同年，中宣部和国家新闻出版总局领导来到集团视察调研，指出："求是小学集团化办学经验为中国教育公平化开创了一条阳光大道。"2022年，时任浙江省委书记、省人大常委会主任袁家军到求是教育集团考察。袁书记一行听取求是集团化办学历程、学校办学理念与特色介绍，参观了求是校园、求是少科院，观看了求是合唱团的表演，走到孩子们中间，与大家共度"六一"儿童节。考察期间，袁书记代表省委、省政府向全省少年儿童致以节日问候，提出了殷切希望，勉励大家从小立大志、树品格、爱学习、强体魄、要勇敢，像山鹰一样展翅高飞。

　　集团化办学以来,每年都有全国各地的教育考察团来校参观学习,求是集团化办学经验享誉全国。中央电视台、浙江日报社、浙江电视台、杭州日报社、杭州电视台等多家官方媒体对学校的办学成果进行了深入报道,求是教育集团品牌影响力不断提升。与此同时,求是教育集团还通过成立紧密型教育共同体、结成联谊学校、"山海协作"等方式与省内外多所学校合作,助力这些学校的发展,不断丰富名校集团化推广优质教育的外延,充分发挥了集团化办学的引领作用。

　　当然,集团化办学也会受到特定的历史阶段、特定的文化土壤、特定经济背景的影响,但在过去的20多年中,求是教育集团始终保持奋斗者的姿态,攻坚克难,开拓创新,积累了丰富的集团化办学经验。面向未来10年、20年,求是教育集团将继续为实现教育共富贡献求是人的智慧与力量,在新征程上再谱新的绚丽华章。

同样的文三管理 不同的校区个性

一、集团发展概述

文三教育集团的前身是文三街小学,创办于1954年,办学以来在西湖区颇负盛名,学校提炼出了"自主和谐"的核心教育理念。2005年,文三教育集团成立,走过了近20年辉煌历程。

2005年7月,杭州市文三教育集团成立仪式举行。

2023年 开办文宣小学。

2017年 开办定山小学,实现由"线"到"面"的辐射。

2013年 与杭州市九莲小学组成紧密型教育共同体。开办文理小学。

2005年 杭州市文三教育集团成立。

2004年 开办文苑小学,由"点"到"线"贯穿文三路。

2001年 开办嘉绿苑小学,开启多校区办学。

1954年 创办文三街小学。

杭州市文三教育集团办学发展历程图

文三从一所母体学校发展到三校共生的集团化模式，经历了4个阶段。2001年第一所分校嘉绿苑小学创办，2004年第二所分校文苑小学创办，办学区域由"点"到"线"贯穿文三路。2005年正式成立文三教育集团，走出了区域教育均衡发展的新步子。2013年与九莲小学结成紧密型教育共同体，开启了由"优质学校带薄弱学校"、实现高水平均衡发展的新模式。2013年下属文理小学创办，2017年定山小学创办，实现了由"线"到"面"的辐射，迈开了优质学校带新建学校和薄弱地区学校的全域优质教育的新路子。2023年9月开办文宣小学，距离定山小学不到2千米，这是集团化办学促进教育高质量发展的新步伐。

目前，文三教育集团共有3个校区、102个教学班、4500多名学生。在集团化办学中如何协调规模扩张与内涵丰富的矛盾？怎样做到制度管理和文化引领同步进行？如何保障学生在全面发展的基础上重视个性发展？集团办学4任校长集全体教师的智慧，积极探索，总结出：推行同样的运行机制进行管理和文化渗透，形成文三精神；并依循区域发展和社会需求促进校区特色发展，形成同中有异的个性化发展样态。

二、实践探索

（一）同样的文三——一个集团下的管理机制

在集团化的视域下，要盘活教育资源，建设师资队伍，创新办学体制，提升办学水平，推进区域优质发展。为了打开新局面，集团推行"网格化"运行机制、"定量化"流动机制和"特色化"共享机制，让各个校区在共建式管理机制的引领下，建设文三，把文三精神渗透到各个校区，在协同输出中促进每个校区立体发展。

1. "网格化"运行机制，让集团管理收放自如

在集团化办学的过程中，通过"一个法人代表，一套领导班子，点线结合"的管理模式，构筑"点、线"结合的网格化管理框架。集团由校务会成员、家委会委员及相关专家组成集团管理中心，管理中心下设党建创优中心、行政办公中心、德育指导中心、教学研究中心、科研师训中心、后勤服务中心、安全保障中心七大中心，以"线"的形式开展创造性工作；集团下属学校设办公室、教导处、德育处、科研室、总务处，以"点"的跟进保证集团常规工作的全面开展。

集团创新了"点线协同式"的"抱团共进"模式，实行一室为核心、点线同步行的策略全面开展集团的各项工作。"一室"指集团校长室，起草各种制度，提交教师代表大会通过。制定的制度包括奖评制度、请假制度、管理制度等。校区为点，部门为线，不论是点还是线，都遵循集团校长室制定通过的制度来落实各种教育教学活动。

集团施行了"多角色转换"的"1＋N＋X"模式，有一位法人代表，为集团总校长，全面负责集团的各项工作。集团的副校长，身兼数职，担任多种管理角色。"1"表示一位副校长，"N"表示进驻一个校区管理，"X"表示负责一条线上的工作。副校长作为校区的驻校校长，全面主持整个校区的日常工作，管理一个校区的全部工作，具有决策指挥权、人事权、改革权、奖惩权和财务权等。副校长还负责"线上"的工作，对于"线上"的工作要做出顶层设计，领导下属部门有序地开展活动，协调校区间的各种管理事务，合理

安排资源,充分调动工作部室的积极性,更好地服务集团、学校、教师和学生。

2. "定量化"流动机制,让师资配置强弱均衡

校区所处位置不同、办学历史不同,在硬件资源方面也不尽相同。由于集团是同一法人,可以根据需要充分地利用资源并合理配置,让现有的资源更大限度利用起来,盘活资源的存量,促进各校区的全面提升。集团通过教师的流动,全面统筹人才资源,促进教育的优质发展。在西湖区教育局及西湖区教育发展研究院等相应部门的部署与领导下,集团充分发挥科研、师训先导、培训与服务的功能,以"223名师培养工程"为龙头,拥有2名正高级教师,20名副高级教师,30名省市区一、二层次学科带头人,目前各项工作已基本达到目标。同时做好年轻教师、骨干教师、管理团队的培养与建设,做到人才阶梯有序布局。下属各校梯队培养目标也较为清晰,师资队伍结构相对合理,并具有可持续发展性。部分年轻教师成为班级建设、学科教学的领头雁,加入学校中层管理团队,使管理团队的年龄结构逐步优化。

3. "特色化"共享机制,让课程建设协同共赢

为打破教育堡垒,集团各校区通力合作,共同研讨,整合自身的优势资源,规划并完善基础课程体系,同时以课程为主基调,推出特色课程,促使各校区协同发展、获得共赢,实现教育的优质均衡发展。

通过集团的开发,各个校区形成校本课程体系,包括"六礼成长课程"

和"六周行动课程"。"六礼成长课程"按照学生发展特点,用仪式驱动挖掘学生的成长动力,学生经历"入队亲享礼、怀旧传承礼、温情孝心礼、十岁成长礼、公民风尚礼、毕业感恩礼",力求让学生在6年的时光中,每一个阶段都经历不同的节礼活动,用仪式活动记录成长。"六周行动课程"结合第二课堂活动任务单进行实践研究,开发校外实践营,使学生在不同年段通过"入学体验、公民实践、文化研学、学农课堂、军营锻炼"增长知识,收获成功;打破了综合实践活动的点式,设计了"伢儿成长周、明礼树德周、西子寻访周、生态农作周、绿营磨炼周、劳技实践周"等主题来规划整个学程,深化活动过程。

集团在建设精品课程时,进行统筹规划并顶层设计,依据各校区学生的特性、教师的特长、校区的特色,设计普适性和个性化的精品课程,分别设置四大类别的课程体系:体艺拓展课程、"X"漫托课程、"无作业日"自创课程和"自主管理日"自修课程。

周五体艺拓展课程(个性选课)包括体育类、艺术类、科普类等,有"双向"选择权。开设的课程分为两大板块,即学校类课程和年级类课程。学校类课程层级高,技能要求强,对学生有较高要求,能促进学生个性发展;年级类课程具有普及性,选择要求比校级低,学生都能选上自己喜欢的课程。每日"X"漫托课程(私人订制):在课程开发之前先对学生进行精准的问卷调查,根据学生的个性和新时代学生发展的需求,制订私人个性化课程,即"X"漫托课程,根据实际调查,开发"以阅养慧、以理启智、以体强身、以艺审美、以技育能"等课程体系,以专业性拓展课程提升学生综合素养,培养其综合能力。周二"无作业日"自创课程,打造自我特色空间,在"无作业日"时间开发张扬个性的课程,以月为时间轴,推行具有学生个性的课程。一月一主题:个性规划月、个性制作月、个性发明月、个性展示月和个性匠心月。周五"自主管理日"自修课程,开创自我修正路径。周五"自主管理日"是展示学生个性课程,以周为时间轴,每周五推行课程活动。一周一主题:星光大道日、艺术展览日、作品展示日、个性表演日。

(二)不同的个性——同一集团下的校区特色

从1954年建校办学起,经过传承积淀,形成的"自主和谐"品牌,成为文三独有的精神和价值观。文三教育集团在相同的文化引领和制度保障下进行集团化办学,但根据各校区的地域、社会需求的不同,实施"一校一品"战略。

各校区自主定位,自主发展,进行个性化的特色发展。本部文三街打造"自主活力文三",文苑打造"书香亲情文苑",定山打造"个性艺创定山"。3所学校在"自主和谐"的核心理念引领下,根据校区生源、地域特点、学校硬件等方面进行特色发展定位,形成了和而不同、各美其美的集团化办学样态。

1. 自主活力文三:在青苹果乐园中张扬个性

文三街小学自建校以来,秉承着"以学生发展为本"的办学理念,崇尚自主,鼓励创新,但又不忘务实,积极为学生创设一个"自主、个性、发展"的乐园。学校享誉省内外,自创了德育品牌,打造了独具文三特色的青苹果乐园。

构建青苹果"三社"，让每个学生在"项目实践"中发展。青苹果"勤业社"：少先队员们通过自主择岗、自主竞聘和自主评价，进行公开竞聘。上岗后，少先队员全面参与学校的管理服务，有校会主持、礼仪宣传、纪律维权、队知识宣讲、活动策划等多岗位，为队员们提供锻炼展示的平台。青苹果"特长社"：利用每周五下午的半天时间构建以"创新人才"培养为取向的特长社能力主题项目体系，有棒棒健身社、靓靓才艺社和广广博闻社，重视学生身体素质，提高学生艺术修养，着力培养学生的科学素养，从而提升学生的审美素养等。青苹果"实践社"：依托地域优势、特殊纪念日和学校特色，以"五节六周六礼"为活动主线，制订不同年段学生的实施方案，拟定节日名称、教育主题、活动目标和特色活动内容，开发系列项目。

实施青苹果"两日"，让每个学生在"自主管理"中成长。集团在20世纪90年代初期开始实行"无作业日"，口号是"减压一天，快乐一生"，要求所有教师在周二不得布置任何形式的书面或口头作业，为学生预留更多的时间自主学习、自主管理，让"无作业日"真正成为学生提高自主学习和自主管理能力的有效途径。集团还推行"自主管理日"，口号是"拓展一天，发展一生"。20多年的实践中，学校在每班实行周五"自主管理日"，让学生自主管理班级，把管理权交给学生，有问题有困难学生自主解决，让每一个学生都参与到班级管理中去，让全班每一个学生都成为班级的"管理能手"。

2. 书香亲情文苑：让每个师生浸润书卷气质

文苑小学成立时，所处位置是一个城乡接合部，周边的老百姓文化素养有待全方位的提升。在书香校园的建设过程中，学校深挖书香文化的内涵,改变书香校园的生态,打造书香校园的特色,让文苑学子具有文三特质,成为博文广识的书香少年,把提升文化品位作为关键点来抓。

形成系列书香课程,提升每个学生的文化品位。书香课程主要涵盖学科为语文、数学、科学、艺术、体育等。固定周内进行具有学科特性、分年段的项目活动。更体现序列的还有组织形式上的"三环"实施,让学生的展演平台从班级到年级,最后到校级,形成序列化的赛程项目,激发学生参与的积极性,让学科活动的成效得以区域递增性的扩展,不断提升学科课程的实效性。

2023年6月,文三教育集团文苑小学新书发布会举行。

创新书香活动路径,助推书香集团的文化品质提升。借力每年的书香文化节,集团的3个校区举行同时段、同主题、多形式的新书发布会,让师生沉浸在书香的海洋中,在发布会上品书香、长智慧。同时,将书香活动落实到课堂实践,落实于日常,扎根于日常,制订详细的计划表和阅读积分表，双线结合让阅读实践永不止步，注重评价方式的创新和个性阅读的规划，扎实促进深度优质的阅读，助推书香集团的打造。借力学生喜爱的跳蚤书市，让学生在图书交流中得到书籍的滋养，享受到高品质的阅读，激发学生阅读的积极性和主动性，从而开阔学生的视野，丰富学生的精神世界，培养学生自主自信的品质。集团还举办校区间的飞鸽传书活动，3个校区进行循环流动，书信交流分享学习近况、解开困惑、所见所闻、心得感想等，在交流中疏解自己的心情，在交流中帮助同学解决问题……

3. 个性艺创定山：借地域优势共创活动特色

定山小学，地处浙江音乐学院和中国美术学院旁，周边有较多优质资源，学生可塑性强，因此利用地域环境进行艺术熏陶，把深挖美育的内涵、改变艺创校园的生态、打造艺创校园作为办学特点。

开设阶梯式艺趣课程，提升每个学生的艺术素养。学校联动校内的艺术教师形成校内师资团队，同时聘请音乐学院、美术学院的专家、名师授课，每个学生学习一项乐器技能，并进行定向培养，精准实现学生的个性化发展；主动与专业院校对接，为特长生提供更广阔的实践展示平台；美术、音乐、科学等各类功能教室齐全，为学生的特长发展、个性化发展搭建更专业的平台。在清晰和系统的课程体系下，学校将课程开设从传统走向自主，学生自主选课，真正实施为学生而生的课程、为素养而生的课程、为发展而生的课程，努力实现导师团队更加多元，课程时间更加灵活，课程载体更加丰富。

开展卷入式艺创活动，助推文三学子的艺术涵养。借力每年元旦汇演,共唱班班歌声。集团举行各校区同时段、同主题、多形式的"班班有歌声"活动,展示了学校丰富多彩的校园文化生活,进一步陶冶学生审美情操,营造浓厚的校园文化艺术氛围,完美展现了学生蓬勃向上、奋发进取的精神风貌。借力美术比赛,集团各校区还开展了"班班有画展"活动。每年12月全校以班级为单位,让学生选择喜欢的主题完成绘画创作。各班以教室门口的墙面为展示区域。形式丰富、色彩缤纷的作品构成了一道道亮丽的风景线。

(三) 共性中彰显个性——促进集团办学品质共生

文三教育集团在集团化办学中,既让各个校区拥有共性——文三精神,又让各个校区具有特色——个性发展。为了让文三精神更加凸显,集团通过"一个法人代表、一套领导班子、点线结合"的管理模式,让顶层管理机制落到实处;还通过人员资源的统筹安排,让每一个文三人参与集团化办学,实现"人人都是集团人"。为了彰显特色,各个校区都有自己的品牌、自己的拳头产品。在具体办学中,集团管理从集权走向了放权,学校建设从同质走向特质,让每个校区在具有文三印迹的基础上,进行充分的个性化发展,让集团走得更远更好。

1. 一套管理落到实处:从集权走向放权

集团为保障一套管理制度能落到实处,实行"一室为核心、点线同步行"的策略。

每周四,集团召开校务会。在校务会上校区负责校长和线上副总校长对前期工作的开展过程进行汇报，包括开展的效果评价、开展后的经验总结等，教师代表则汇报教师层面的诉求和教师工作开展的具体情况等。同时，校务会对下一周工作进行全盘规划，设计集团统筹方案，探讨实施思路。

每周五，各副总校长召集校区行政人员召开行政会议，传达集团的顶层设计和统筹规划。行政部门负责人员根据集团的规划和任务，设计具体可操作的方案，并安排相关人员落实到位。在工作开展中，校区内部门与部门进行联动，集团内线上同部门进行协调促进，把工作做细做实，做精做活。

各校区为突破约束，创生"一校一品"，进一步焕发活力和保持快速发展，在校区具体办学中，从原先的集权制走向放权制。校区负责人依循时代发展、家长需求，充分挖掘和利用周边地域资源，带领自己校区的团队，确立好发展方向和目标，合理发挥行政团队、教研组长团队、年级组长团队等的特长，建设好学校的拳头产品，并形成优质品牌。

2. 人人都是集团人：从同质走向异质

集团让每一位教师参与集团化办学的建设和规划，也对每一位教师进行定制式培养，让每一位教师感受到"我是集团人，我为集团而努力"。集团以师德教育为核心、以知识更新为内容、以实际案例剖析为切入口、以创幸福教育为目标，抓落实，重实效，全面提升教师的专业水平，提高服务质量，增强教育的责任感和幸福感，促进文三教师团队整体提升，教师专业得到长足发展。

每年新学期，集团根据各校区的发展蓝图进行定量化教师流动，让各个校区的师资配备得到最优化。集团还成立学科联盟、科研联盟、师训联盟，通过开展活动和项目的进阶，更新教学理念，提升教师实力，精进教师的业务水平和能力。

集团化办学有统一的管理模式，有融通的资源共享。在集团化办学过程中，各校区既要有共性特点，也需要有独有的特质。文三街小学周边的居民大多是高学历人才，家长、学生文化底蕴非常深厚，因此，学校在全面发展的基础上重视个性化的发展，在办学中形成了自主活力的特质。文苑小学地处农村和城市的接合部，学生的文化素养需要培养和发展，在办学中形成了书香校园的特质。定山小学的学生来自五湖四海，周边资源丰富，有浙江音乐学院和中国美术学院的熏陶，在办学中形成了艺创校园的特质。

三、成效与思考

在办学过程中，集团十分注重各校区的文化建设，本着"和而不同"的集团愿景，发展校区的适切文化，形成全体教师的价值聚向和价值认同，让每个校区找到属于自己的文化内在特质。"集团文化"和"校区文化"相互滋养、融通，最后显现文三特色，从而创建文三文化。

文三教育集团统一管理机制，由母体学校统领，其他校区抱团发展，实现集团校区优势互补，破除"单打独斗"的劣势，形成了文三以"自主和谐"为精神内核的学校文化品牌，在近20年的集团化办学中不断产生品牌辐射效应，真正实现办一个学校成长一个学校。文三教育集团在统一管理下，还实行个性特色的迭代升级，根据校区的优势扬长避短，发展自己的特色,校区发展自己的特色后进行集团内的反哺,把具备优势的模式在集团内推广,让各校区都具有相同的优势和特色,实现一校优变校校优,办一所学校活一所学校。

在全体文三人的共同努力下,集团办学成效显著,先后收获了以下荣誉:全国创新教育实验学校、国家级骨干教师培训基地、浙江省文明学校、浙江省语言文字示范学校、浙江省现代教育技术实验学校等。

集团办学重视文化渗透,统一管理机制,而且还根据地域等现实情况,关注校区特色的发展,形成了同样的文三,不同个性的文三集团化办学模式。在今后办学过程中,集团还将建立适切的评价体系,更新符合集团发展的评价理念,逐步形成以行为活动评价为核心,注重从行到知,通过行为活动载体转化为能力的评价方式,促进学生自主管理、自主学习、自主锻炼、自主参与、自主劳动,继而达成自主、和谐、全面的发展目标。

回顾集团化办学的近20年历程,集团全面渗透浸润"自主和谐"的教育思想,遵循教育规律。无论是校园文化建设,还是教育资源的整合与优化,都在教育集团化办学变革与创新的路上砥砺前行。集团制定共同的教育发展愿景与目标,并统一教育理念、学校管理、课程建设、教师发展、教育科研、考核评价等方面,实现管理、设备、教师等优质教育资源的共建、共享、共融,推动集团内各成员校同步、优质、均衡、特色发展。集团化办学推进了区域教育均衡发展,促进了教育资源的统整与再生,从而让更多的学生享受到优质教育。

四维认同催生集团化发展多元文化生长

一、集团发展概述

杭州市第十五中学是杭城优质教育品牌学校之一,由丰子恺、潘天寿等名人始创于1947年。学校幸受百年浙大"求是"精神浸润,坚持"双负责"办学理念,铸就了"求真务实、严谨创新"的校园精神。自2005年起,学

2005年4月,杭州市第十五中学教育集团成立仪式举行。

2018年 以"老名校＋新校"的模式承办杭州市崇德中学。

2015年 集团成员校西溪中学独立办学。

2011年 与袁浦中学结成紧密型教育共同体。

2005年 正式成立杭州市第十五中学教育集团，
集团下属浙大附初和西溪中学两所成员校。

2002年 承办新建的杭州市西溪中学，实施连锁办学。

2000年 杭州市实行初高中分离，原浙大附中初中部独立，
隶属于西湖区教育局，更名为杭州市第十五中学。

1992年 恢复浙江大学附属中学校名，成为浙江省
一级重点中学——浙大附中的初中部。

1972年 划归杭州市教育局领导，改名为浙江省杭州第十五中学。

1959年 在行政上划归浙江大学领导，定名为浙江大学附属中学。

1956年 由私立改为公立，更名为杭州市第一初级中学。

1947年 丰子恺、潘天寿等名人在杭州创办私立明远中学。

杭州市第十五中学教育集团办学发展历程图

校经历了集团化办学的三个不同阶段，面临了许多问题与挑战，并在破解一个个现实问题中实现集团内多所成员校的共建共荣。在共同富裕背景下，为实现区域教育高质量发展，2018 年 9 月，杭州市第十五中学教育集团以"老名校＋新校"的模式承办杭州市崇德中学，第三次走上集团化办学的探索之路。

（一）直面问题："我不愿去新校区"

面对集团母体学校在生源、师资、社会声誉等多方面的低谷压力，学校在师资流动方面遇到了"许多教师不愿意去新校区"的棘手问题。由于校区地处偏远，工作环境陌生，发展前景不明朗，导致许多教师都不愿意到新校区去任教。通过前期的原因调查分析，集中表现在教师群体对集团文化认同方面出现了认知偏差，尤其缺乏"身份认同"，没有一种"我是集团人"的归属感。

（二）破题寻法：在文化认同中变"不愿去"为"我愿去"

基于此问题，赵卫群总校长和班子成员一起，多次集体谋划与部署，锚定"提升教师的集团文化认同度"这个目标，通过"集团文化认同的重构"引导教师转变思想，重塑教师自信、学生自信和学校自信，让教师自觉在集团中流动成为常态，从而打造"会生长"的集团教育生态文化。

二、实践探索

集团文化认同不仅是一种宏观的状态，也是在集团发展中动态变化的一个过程。在集团化办学中，集团文化认同是统一思想、凝心聚力的有力助推者。因此，学校以终为始，从解决实际问题的视角出发，站在"学校对每位学生负责，对学生的终身发展负责"的"双负责"办学理念的角度去审视教育愿景及外显的教育行为。在多种文化认同理论的基础之上，将"会生长"的集团文化认同集聚在"四维认同"的打造上：理念与身份认同、标准与机制认同、课程与变革认同、专业与发展认同。

（一）理念与身份认同：从"校区局限"到"集团一体"的精神文化生长

集团非常重视继承和发展"双负责"办学理念，并不断丰富和发展其内涵，从而确立优质核心精神文化。从统一办学理念开始，体现传承，并有所发展。理念的展示不是一句口号，而是一种共同价值追求的外显呈现，起到潜移默化、熏陶感染的作用。

集团基于尊重学生的个性差异、满足学生的自主发展、发挥学生的个人潜能，提出：教育就是培训人的精神面貌，做眼中有"人"的教育，促进教师、学生、学校的最大限度发展，办一所"会生长"的高品质学校。对原来的"对全体学生负责，对学生的终身发展负责"的办学理念做了丰富、生动、人本的内涵拓展和创新诠释。同时，集团努力发挥这一核心理念文化的凝聚效用，形成互动式的文化网络形态。从2019年开始，赵卫群总校长一年提出一个精神口号，从"办有温度的学校，做有故事的教育"到"弘扬十五中精神，提升十五中标准"，一年一个台阶不断"生长"，不断深化十五中的精神文化。

十五中精神的塑造依靠多元化的活动平台构建。为统一集团两校区思想、达成共识，打破集团成员校之间的物理边界，双周一次的党委会和校长办公会定时召开，集团统一安排的双周一次的教工大会、行政中层会议定时召开，通过钉钉连线的形式交流工作，分享经验。学期初的管理研讨会与期末总结大会，均集中统一某个校区现场召开。集团分线管理，把方向做决策；日常分块管理，分校区重落实。师资配置管理，每年由集团统筹安排；教工考核评价，统一标准先分后合。这种机制的建设，有利于"十五中精神文化"的塑造与构建，从而增强了教师的归属感和荣誉感，让教师有了从"我"到"我们"，从"我是十五中人"到"我是集团人"的身份意识转变。

（二）标准与机制认同：从"粗放僵化"到"精细高效"的管理文化生长

根据集团紧密型的办学需要，2005年学校确立了精简高效、重心下移、合作服务的原则，制定了《杭十五中教育集团组织机构设置及运行管理办法》。2018年，随着又一新校的建立，学校以更加标准的精细化管理推动集团化办学高质量发展。管理人员通过观摩管理现场，调研管理成效，提出诊断意见，在思想上逐渐对教育教学各项工作达成共识，通过横向协作的方式，在关注扁平化管理的同时关注执行层的垂直管理效能，力求培育一支懂管理、会评价的高效管理队伍。

集团提炼和建立了蕴含着办学理念和工作指向的十五中集团标准，即：重规范、抓细节——标准意识；重品质、抓落实——闭环管理。

集团主要围绕着两条主线，一条是学生"一日常规"主线，一条是"教学五环节"主线，抓住两条主线中的关键核心环节的标准，提升教育教学质量。另外，学校通过机制重建与创新推动集团化办学高质量发展。集团建立"有布置，必有检查；有反馈，必有跟进"的管理工作机制，通过闭环管理机制、细节标准机制、两周一次的集团校长办公会、集团行政会议、集团教工大会等机制保障执行效率，通过即时反馈制（一日常规反馈、教学"五环节"反馈、每周行事历反馈、每周工作反馈、行政会议信息交流等）保障信息沟通，通过建立集团校本资源库保障资源共享。

（三）课程与变革认同：从"学科割裂"到"五育融合"的教学文化生长

学校在集团化办学之初，在"双负责"办学理念的指引下，不断优化课程体系，对现有课程进行了结构化设计，初步构建了"两类三域"课程结构体系。其中，"两类"指的是基础性课程、拓展性课程，"三域"指的是学科知识课程、体艺特长课程、实践活动课程。随着"双减"政策的落地，新课标的颁布与实施，以往的课程体系已无法满足现在学生的发展需求。于是，集团进行了新一轮的学校课程体系的重构与拓展。在"全人格美丽学生"课程体系的基础之上，基于"三自·四求"（三自：自律、自治、自强，四求：求真、求善、求美、求新）的廉洁品质，通过对课程的整合与创新，重新构建了"求是·扬善·创新"的学校课程体系。其中，求是课程主要是基础性课程，扬善课程主要包括与校史学习、健全人格、青春健康、领袖能力、国际理解、社团活动、校园节日等相关的校本开发课程，创新课程主要包括科技教育、体艺特长、社会实践等拓展性课程。

以"五育并举"的理念，积极探索"五育融合"的具体实施路径，课程顶层架构时推进五个关键动作：第一，课程是以学习为中心的，关注学生的需求，把学生放在课程的中央；第二，课程是链接生活的，须建构学校独特的"课程图谱"或"课程坐标"；第三，课程是让学生体验各种经历的，具身化教学成为课程核心的实践样式；第四，课程是浓缩的生活图景，课程内容的关联与融合成为课程实施的常态；第五，课程是独特的生命体验，课程文化应聚焦人的完整发展。

坚持素养导向，强化学科实践，注重知识学习与价值教育有机融合，发挥每一个教学活动多方面的育人价值，把立德树人落实到具体的教育教学活动中。同时，学校强调新课标中提出的"实践性学习"与"学科思维能力的培养"，努力整合校内外丰富的课程资源，建构具有校本特质、学科特色的学科"课程图谱"。

学校课程建设与实施过程中，要"看见学生"，要"眼中有人"。根据学校现状和学生的不同特点，开发适合学生多元发展的课程，构建"会生长"的学校课程体系，为实现"五育并举"做好课程体系的顶层架构与保障。

（四）专业与发展认同：从"教研分离"到"知行合一"的成长文化生长

集团在构筑学习型、合作型研修组织，建设教师"三趣"（兴趣、乐趣、情趣）工程的基础上，关注不同层级教师的关键成长点，在集团内部开展了"四雁梯队成长工程"（雏雁、展雁、领雁、鸿雁），并启动"十五中教坛新秀""十五中教坛中坚""十五中教坛名师"集团三级教师评选奖励机制。在课堂研究方面,学校从之前的"诱学探疑"课堂模式、"合作导学"课堂新模式发展到集团共研、共享的教学新样态:"让学生站在课堂中心"理念下的"自主、合作、展示、反馈"的四元素注入的"有温度、有效度、有深度"的"三有"课堂教学新模式的研究。

近几年,由于新校区的建立,一大批新的青年教师陆续调入。学校非常重视青年教师队伍的培养建设,并努力打造"共学·共研·共享"的终身学习共同体。自2020年起,集团内坚持每月一次双线并行、颇有特色的"相约晚7点"青年教师沙龙活动。

在"线上＋线下"混合式教学的背景下,集团针对0至5年教龄教师的"每月一聚——基于教育教学问题解决的线上微交流"青年教师沙龙活动,旨在促进青年教师快速发展,站稳讲台,展示智慧。该活动基于青年教师在实际教育教学中遇到的各种问题,组织教师进行头脑风暴式的讨论,为其出谋划策。同时,该平台的建立,也验证了学校"团队勠力同心,构建教师发展新样态"校本研修的共同目标。活动的主题既有从青年教师们反馈中提出来的一些教育教学共性的问题,也有时下教育教学的热点话题;既有德育类的"最小的主任　最大的情怀——班主任工作智慧论坛",也有教学类的"评价语:课堂教学的诗与远方"。活动邀请校内外专家参加,其中包括校内的特级教师,首席教师,第一、二层次学科带头人,功勋班主任等,以及校外各个领域的知名专家学者。活动流程包括主题确定、优秀资源学习推送、交流预学单设计、交流活动设计、评价反馈、活动资料收集、校内外专家联系等。同时,学校也将沙龙活动与青年教师的团建活动有机结合,让青年教师在活动中放松身心、思维碰撞、分享智慧。

三、机制创新

"四维认同"在集团化办学中的有效实现,关键依靠改革创新,通过体制完善、机制优化、流程再造、整体重塑,进一步凝聚思想共识,增强集团内生动力,激发教师活力。

（一）创新统筹牵引体制:优化集团管理队伍

多年来,集团不断完善党组织领导下的校长负责制(试点)运行机制,实施"十四五"发展规划年度目标,细化管理,完善评价机制,探索集团化办学新模式。同时,不断深化学习型组织建设,进一步优化管理队伍,落实每周行事历和部门每周工作反馈制,细化"强责任、强主体、强反馈"的过程管理和闭环管理。

（二）创新协同联动机制:激发内外研修活力

集团的教师研修以满足需求、引领需求和创造需求为目标,旨在实践中帮助教师解决真问题。教研组承载着研究、指导、培养等多项任务,努力将教研组建设成为专业学习共同体。各学科由集团教研组长统一规划与安排,各校区教研组长配合协作。同时,集团与余杭中泰中学、淳安青溪中学等结对学校举行各类研讨活动,以名师工作室、学科骨干为引领,通过青年教师送教、线上讲座等形式,推进跨域研讨。

（三）创新全链闭环模式：提升教学管理实效

新课标对教学的基本环节赋予了新的要求。在赵卫群总校长的省级教研课题"'五环'联动：基于数据支撑的初中教学优化实践研究"的引领下，学校逐步实现从经验为本走向精准教学的课堂模式变革，从层级结构走向网状结构的课堂环节统整融合，从呆板单一走向多元互动的课堂生态纵深推进。另外，为强化办学标准在集团内的贯彻实施，学校将具有反馈、监督和指导功能的校内巡导工作制引入学校治理，建立对作业反馈、集体备课、校本研修等活动的巡导制度，形成内部办学质量监控保障机制。

（四）创新常态长效路径：保障师资流动自如

通过集团教研组的建设，各学科打造了一支结构合理、富有活力、团结合作、具有创新精神的学科团队，"集团人"的认同感不断加强，校区间均衡发展。教师更注重在改进学生的学科学习、培育学科教学特色、建立特色课程群上下功夫。同时，学校关注不同层级教师的关键成长点，开展"四雁梯队成长"的具体实施工程，发挥区项目制工作室和区学科带头人作用，尝试"工作坊"和"研修群"等校本研修活动形式，建立集团青年教师成长工程的系统机制，探索项目化考评标准，从而让教师在不同的校区获得多元化的个人生长。

四、成效与思考

（一）实践成效：在文化认同中打造"会生长"的集团教育生态

自2005年成立杭州市第十五中学教育集团以来，学校秉承"全人格"教育思想、"求是"精神和"双负责"办学理念，始终把提高教育教学质量视作学校生存和发展的生命线，有着文化建校、文化治校的光荣传统。从第一阶段与西溪中学的"文化传承与移植"到第二阶段与袁浦中学的"文化融合与创生"，再到第三阶段与崇德中学的"文化培育与迭代"。18年来，学校成功实现了集团办学的文化输出、管理协同、资源共享、发展共进，集团各校逐渐走上优质均衡发展的道路，学校品牌影响力进一步扩大。

2018年9月，杭州市第十五中学教育集团崇德校区成功创办。

共同体文化培育与迭代实践最大的成果是打造了一种"会生长"的集团教育生态文化。学校塑造了"会生长"的"十五中精神"，构建了"会生长"

的"十五中标准"，开发了"会生长"的"十五中课程图谱"，迭代了"会生长"的十五中德育品牌，创生了激发"会生长"的研修文化。学校陆续获得省文明单位、省绿色学校、省文明礼仪样板学校、省校本教研示范学校、省"清廉教育"示范校等省、市、区级50余项综合荣誉。同时，学校还是教育部浙江大学基础教育研究中心研究基地、全国德育学校、全国外语实验学校、全国创建适合学生发展的实验学校、全国科技体育示范学校、长三角名师名校长实践培训基地、浙江省教师教育重点基地实践学校、浙江省无线电测向运动先进集体、杭州市公办初中"提质强校"行动首批试点学校、杭州市近视防控特色校、杭州市市队联办人才基地、杭州市陶艺实践基地。

（二）发展反思：如何实现"文化立校"与"管理强校"的互促共进

教师自觉流动是一种外显行为和现象，本质是教师群体对集团文化的高度认同。通过4个维度的文化认同促使教师、学生、学校的"多元生长"，从而让教师深刻感受到"我是集团人"的身份体认与文化自信，并自愿在集团内任何一个校区任教。

在集团化办学的迭代与创生过程中，集团面临许多现实问题。例如：母体学校在输送优质资源的同时，如何持续保持集团的向上生长力？集团如何做到多个校区各美其美、美美与共？在集团内教师流动、文化输出中，如何保持集团内文化的一致性？……基于上述问题，有以下两点深刻的认识体会：

第一，集团化办学过程中，重视集团办学理念，确立优质核心精神文化。处理好集团化办学中的"输血"与"造血"、"移植"与"创新"等几对关系,融合创生"包容、开放"的办学理念,融合创生"民主、高效"的管理文化,融合创生"乐业、合作"的教师文化,融合创生健康向上的学生活动文化,融合创生"五育并举"的课程文化与学生评价文化,真正实现"会生长"。

第二,集团文化立校过程中,重视集团过程管理的机制建设,实行"集团标准＋校区特色"的管理理念。以组织结构变革,以标准化管理、闭环管理、集团巡导等机制创新,形成组织合力,加强统筹协调和跨组织协同发力,形成融合贯通的工作合力,保障集团下各校区发展方向不走偏,保障执行效率高标准,保障信息沟通畅通,保障集团资源共享,从而真正推动集团化办学高质量发展。

自2005年至今,学校探索集团化办学之路已经走过了18年,在不断探索与发展的过程中,学校呈现出"名校＋新校""名校＋弱校"等"多模共生"的丰富办学样态,从新校的建立到新校的独立,再到又一新校的建立,集团化办学一直处在一个动态发展的过程中。在不断发展中,集团一直在寻求一种各校区之间个性化、差异化的均衡。这种差异和个性主要体现在教育内涵、办学特色、学校文化上的个性化,使得每个校区各有特色,各美其美,美美与共。集团将继续以"合作共赢,和而不同"作为集团化办学的目标,带领不同校区在"同心(文化认同)·同知(文化理解)·同行(文化践行)"的集团文化理念下继续携手前行!

改革,永远在路上! 吾辈,任重而道远!

教育集团化办学发展中的"合"与"分"

一、集团发展概述

西子湖畔,风光秀丽,杭州市保俶塔实验学校教育集团坐落于此。集团的母体杭州市保俶塔实验学校与新中国同龄,是新中国成立后浙江省建起的第一所学校。学校前身是浙江儿童保育院、浙江省省级机关干部子弟学校,一大批共和国功臣的子女在这所学校就读,她与延安保育院有着共同血脉,具有光荣的革命传统。2001年9月,杭州市保俶塔小学与杭州市向阳中学合并,成立杭州市保俶塔实验学校,主体实行九年一贯制办学。学校锐意进取,勇于担当,分别于2009年和2011年筹建申花路校区和紫金港校区,两个校区迅速发展成为区域优质学校。2015年和2018年紫金港校区和申花路校区分别相对独立办学,2011年杭州市保俶塔实验学校与西湖第一实验学校结为紧密型教育共同体。为进一步推进区域教育优质均衡发展,2021年7月,随着西溪实验学校加盟,成立了杭州市保俶塔实验学校教育集团。

成立杭州市保俶塔实验学校教育集团,杭州市西溪实验学校加入集团。 ● 2021年

申花路校区相对独立办学,成立杭州市保俶塔申花实验学校。 ● 2018年

紫金港校区相对独立办学,成立杭州市紫金港中学。 ● 2015年

筹建紫金港校区,与西湖第一实验学校结为紧密型教育共同体。 ● 2011年

筹建申花路校区,开启多校区办学。 ● 2009年

杭州市保俶塔实验学校教育集团办学发展历程图

在做好教育集团化发展"合"与"分"的过程中，集团实现办一所成功一所，逐步走向"全国知名，省内一流"。

二、实践探索

优质教育资源均衡化，是一项时代命题。保俶塔实验学校在名校引领、开展集团化办学的过程中，按照教育局政策部署，领办了申花路校区和紫金港校区。在教育领域，名校办新校的现象并不罕见，然而将一所省内知名的学校成功引入新兴板块地区，并在较短时间内使两所新校成为区域优秀学校，则是一项值得称道的成就。杭州市保俶塔实验学校教育集团是怎样做到在教育集团化办学发展中"合"则出优质、"分"则更提升的呢？

（一）发展篇：从申花路校区到紫金港校区——"合"则出优质

时光回到两校区成立之初，那时的申花路和紫金港板块还是城市化推进当中的新兴地块，随着物质条件的改善，当地家长对优质教育的需求变得越来越迫切。"如果在家门口就能享受到最优质的教育，谁愿意舍近求远去择校呢？"当时一位家长的发言很具有代表性。

申花路校区和紫金港校区就是在这样的背景下依据杭州市西湖区教育局"名校＋新校"的集团化办学战略部署，由杭州市保俶塔实验学校兴办起来的。申花路校区采用九年一贯制办学，紫金港校区是一所初中，在名校带动下，优质资源如何共享？教育质量如何保证？这些成了家长们最为关心的问题。

2009年9月，杭州市保俶塔实验学校申花路校区落成典礼举行。

"合"是教育集团化发展带来的机遇，同时也带来了一系列问题和挑战。杭州市保俶塔实验学校教育集团充分发挥名校的辐射带动作用，探索文化、制度、课程、教师专业发展的有效增值，实现"1＋1＞2"的效果。

通过母体浸润，形成新校区的文化内核。保俶塔实验学校将"为了学生的未来，提供最好而可行的教育，让每一个学生获得成功"的办学理念，"笃志""博学""多思""豁达"的校训，"面向全体"的公平观、"以德为先"的育人观、"健康第一"的生命观、"差异发展"的课程观，通过教工大会、家校合作等多种形式迁移到了申花路和紫金港校区，让文化浸润到师生家长，让学生对未来充满憧憬。两校区在教育理念、文化环境、管理方式、课程设计上与保俶塔实验学校这一母体总体保持一致，同时又有了自己的张力。例如：申花路校区的办学理念从"尊重个性，发展社会性，为了每个孩子更好发展"进行拓展；紫金港校区逐步确立了"创造适合学生的教育，创设适宜教师的舞台"的办学理念，形成"争而不损、群而不党、合作相容、共同进步、风清气正"的校园文化，从而使学校更具包容性、融合度和创造力。

通过管理重组，构筑新校区的制度框架。保俶塔实验学校教育集团采用"一校多区"的统一管理模式，实行总校长负责制，主持集团全面工作，各成员校驻派一套完整班子，接受总校的统一领导与管理。这一模式在教师结构优化与干部管理优化上效果明显。校区的增加，让集团教师的内部流动更为顺畅，促进了多校区学科质量的均衡；平台的拓宽，为想干事、能干事的青年教师骨干打造了施展才华的舞台，促进了干部的流动。

申花路校区实施九年一贯办学模式，六年级作为衔接年级，由中小学共同管理，安排中小学各一位副校长及中层干部进行年级驻点，选派中小学骨干教师形成团队，做好九年一贯衔接。

2011年9月，杭州市保俶塔实验学校紫金港校区落成典礼举行。

紫金港校区作为一所初中,起始年级七年级为重点年级,迁移九年一贯制管理模式,校级、中层、年级组扁平化管理形成了良好的效果。

通过将教职工岗位职责、师德规范、例会制度、成长考评办法等系列文件机制进行迁移,同时对分校合理赋权,破解集团子体校区管理越位、管理错位的问题,促使集团内的所有学校齐头并进,快速提升办学质量,推进了教育优质均衡的进程。

通过课程共享,满足新校区的学生需求。申花路校区与本部在九年一贯制中小衔接上统一步调,把六、七年级作为一个学段,课程上做好中小链接。六年级使用国家课程校本化实施教材,通过一个半月的语文、数学、英语、科学学习,开展衔接;统一召开年级大会,让七年级的学生与六年级学生现场交流,对六年级学生进行规则意识、责任意识以及学习方法等方面的教育,为七年级良好素养形成奠基。紫金港校区七年级每一个学科统一开展专题合作备课,向六年级学生简介学科特点和初中学习方法,同时有效利用好暑假时间,主要学科进行练习渗透,提前衔接。两个校区均开展衔接课程共享,实现纵向培养目标贯通、横向教学内容融合,做到"主动适应、平稳过渡"。

其他各年级,依托保俶塔实验学校"生态"课程体系,共享"共同基础""差异发展""养成浸润"三大模块课程资源,践行"以关怀激发创造,以创造实现关怀"的教育主张,强化常规管理,开展书香校园、体育特色、创新型社团等各类特色课程,逐步形成了开放、共融、多元的创新课程体系。

申花路校区同步参与六大跨学科课程群建设,利用小神农种植园,与浙江师范大学共同研发种植实践课程,联合浙江大学成立少年科学院,联合浙江工商大学检测食品农药残留，并将网球课程打造成金名片。与此同时，紫金港校区与集团母体同步开展社团推进工作，科技、数学学科建设独树一帜。课程资源的整合共享，在满足学生需求的同时，形成了良好的办学声誉。

通过教研共育，助力新校区的队伍发展。两校区成立之初，就牢牢把握住"师资共育，一体发展"的关键点，分校区和本部打通教师研训的空间壁垒，教师专业发展以课题引路，关注教育信仰，强化自我学习，通过同步的"教育论坛""专家讲坛""学习赛坛""鸿雁杯""希望杯"等活动开展特长培养，分层面进行政治、业务、综合素质学习与培训。通过建立导师制度，组织教师参加教育系统开展的各类业务技能比武活动，不断提高教师教学业务能力。

申花路校区、紫金港校区还与本部一起开展课程教研，做到初中教师和小学教师共同执教校本衔接课程，通过同课异构、同课重构、同课再构，将教研从单一校区走向跨校区共研，为教师的专业发展带来了生机与活力。

通过实施教育共研、教师共育的举措，"有大局意识、有责任心、有担当、有创新"成为每一位教师的共同追求，实现小学教师教好一门学科课程，能教两门拓展性课程的"2＋1"，与初中教师教好一门学科课程，能教一门拓展性课程的"1＋1"能力结构调整。

由此可见，集团化办学的"合"，在学校层面提升了质量，在社会层面得到了家长的一致认可，还以聚光灯效应让新校区口碑不断得到传播，进一步树立了保实与西湖教育的优质品牌。

（二）跨越篇：从紫金港中学到保俶塔申花实验学校——"分"则更提升

随着分校区办学的不断成熟，紫金港校区和申花路校区分别于2015年和2018年相对独立办学。当时也有一些人担心，紫金港中学与保俶塔申花实验学校脱离了杭州市保俶塔实验学校这个母体，教师会不会出现心态浮动？会不会出现教学质量的滑坡？万众瞩目之下，两所新校交出了闪亮的答卷，发展蒸蒸日上。

教育集团化发展中的"分"会带来机遇，同时也带来了一系列新的问题和挑战——成熟的子体校区什么时候可以独立开展办学？与集团母体分离后如何保持教师团队稳定？分离后的校区如何展现自身特色的创新活力让家长放心？杭州市保俶塔实验学校教育集团有自己的答案。

对于第一个问题，集团的回答是：子体校区开展独立办学有两个"成熟标志"。第一个标志是分校与集团母体在文化、管理、课程、学生素养、教师发展、教学质量6项指标上达到基本一致。达到这一要求是需要时间的，紫金港校区和申花路校区作为初中和九年一贯办学的校区相对独立办学的时间分别是4年和9年，都完成了一轮办学。初中在3到4年，九年一贯制学校在9到10年达到集团母体相应的办学水平，可以认为子体分校区具有了独立办学的能力——这是成熟的第二个标志。此时开展独立办学可以激发原有校区的活力并促使其进步。

对于第二个问题，集团的回答是："超前"预设，"温度"举措，让教师的归属感自然生成。当紫金港和申花路校区从集团母体分离独立办学的时候,确实有教师存在归属感的失落;有些教师的孩子在集团本部上学或者正要入学,也引发了关于教工子女入学的担忧。对于这类情况,集团在成立伊始就做了"超前"预设,多年来关注内部资源的统筹整合,打通各校区之间的壁垒,激活各校区的造血功能。这种集团文化、管理机制、课程架构和一体化的办学愿景,最初是以课程设置、活动开展、评价激励和学生管理的行政指令来执行的,到校区独立办学的时候已经成为教师的自觉行为。随着独立办学后各项成绩的取得,教学质量的保证,给予了教师充分的信心。对于教师子女入学的问题,集团通过教育局,确保独立办学的两校区教师子女能顺利在本部入学并完成义务教育阶段的学习,用"教育温度"解决了教师的担忧。看到学校办学的前景,教师从离开集团母体"归属感"的失落转化成对新学校"归属感"的自然生成,教师在独立办学的校区"落地生根"。

对于第三个问题,集团的回答是:"共通共融"的办学让独立办学的校区"提质增效"。集团母体每年派遣骨干教师到各分校区,打造"纵横交错—立体提升"的专业发展共同体,校内纵向,校际横向,实现教师交流,盘活教育资源,为新校区师资注入强劲的力量,使得各校区师资力量均衡。当原有校区独立办学后,独立的新校与集团校母体互派教师,实现1到3年不等的稳定轮岗,实现师资互通,提高教师综合素质。同时新成立的紫金港中学和保俶塔申花实验学校一起加入了由母体杭州市保俶塔实验学校牵头组建的"K9联盟",一学期至少组织两次以上学科教研组成员开展听课、评课、同课异构等活动,开展学习分享、集体备课、课堂展示、技能比武、科研辅导等研究活动;依托节庆日、才艺展示等联谊活动,加强学生间的交流,因地制宜,统一调配,形成优势资源互补。紫金港中学教学质量在西湖区公办初中中名列前茅,保俶塔申花实验学校多次被评为西湖区教学质量一等奖,实现了集团化办学的聚变效应。

三、成效与思考

申花路校区和紫金港校区的"分"与"合"是杭州市保俶塔实验学校教育集团做好集团化发展中的一个缩影,集团化办学就是在这样一步一个脚印的前进过程中取得了显著的成效。

一是梳理出特色鲜明的集团化办学样态。通过文化、制度、课程和教师培育的一体化,做到"合"有优质;以"指标"达成、"超前"预设、"温度"举措、"共融共通"做到"分"有提升。一系列举措极大地调动了教师的积极性和能动性,获得了突出的教育口碑,为教育的均衡发展做出了贡献。

集团采用"稳定骨干力量,培养新生力量,锻炼后备力量"的用人原则,在教师培育上,发挥学科带头人骨干资源,创新学校学科教研组的学习文化;利用特级教师、名师的先进教育资源,构建了四层级教师队伍,一大批教师脱颖而出,成为教育教学的业务骨干。同时,教师进行整体调配,实行适度的流动制,根据不同校区学生的特点和需要,把每一位教师放到最想去的地方,放到最能发挥其优势的位置。中层干部实行竞聘上岗制,采取校区统一聘任,各校区轮流使用的方式,校级干部也实行以2至3年为时间单位的校区内部流动,真正做到人尽其才。

集团内学校的教师在语文、数学、科学、英语、社会、劳动、综合实践活动、音乐等学科比赛以及班主任基本功大赛等省、市级比赛中均获得优异成绩，多个教研组获得省、市、区优秀教研组，青年教师团队获得市青年文明号、巾帼文明号的荣誉称号。历年来有7位教师获得特级教师称号，其中近年来新增省特级教师3人、正高级教师4人。学校新增省、市、区学科带头人30名、教改之星20名、教坛新秀22名，225人次在省、市、区教学技能评比中获奖。在各类期刊发表论文100余篇，有5篇获人大期刊复印转载，有《面向未来的教与学》等7本著作出版，组织教师参编省义务教育教材，获得国家和浙江省基础教育教学成果奖。

二是形成了优质均衡的集团化办学硕果。集团通过各种大型活动，如社团文化节、集团运动会、学术节、月主题教育活动，把集团的成员学校紧密地联系在一起，使得各项活动从内容上、品质上都能做到相互映衬、相得益彰。通过重视体育强校、艺术浸润、科技创新，为学生提供丰富多元的教育资源，提炼出了基于"关怀与创造"的跨学科项目化学习"四阶样态"，让"五育并举"成为整个集团课程最大的特色。集团获评首批全国STEM领航学校、首批浙江省STEM种子学校、2018年浙江—印州STEM课程平移优秀种子学校、2019年浙江—印州中小学STEM课程平移研修奖和最佳团队奖称号，承担两次平移工作，在第二届全国大会和两届省大会做主旨发言，入选浙江省典型样态学校与浙江省STEM和项目化学习基地学校，在2023年被评为浙江省劳动教育实验学校，形成了区域影响力。

作为全国体育传统项目学校，集团普及"健康第一"的理念，形成了"人人热爱运动"的管理机制，开发了《游泳》《足球》《网球》等国家课程校本化教材，培养了中国女足国家队队长吴海燕、世界网球冠军吴易昺等体育人才。

作为全国科学探究学习与创新人才培养实验基地学校、中国少科院科普教育基地学校、全国机器人教学实验学校、全国DI模范校、全国航空特色学校、浙江省义务教育课程改革试点学校，集团以科技教育为特色，以课堂和社团为主要载体，扎实有序地开展了一系列科普教育活动，学生不仅多次在各项科技活动中获奖，2018年更勇夺DI全球第六、中国第一。

集团还为学生提供挖掘天分、培养潜能的舞台，开创了普及与提高并举的艺术教育新局面。例如，"宝石"管乐团、"宝石"合唱团、"宝石"舞蹈团、"宝石"民乐团在各类比赛中摘金夺银，更为高一级学校输送了大量艺术人才，并得到了国务院原副总理刘延东、时任浙江省省长李强等领导的认可。

随着杭州市保俶塔实验学校教育集团的办学不断走向深化，后续可能还会面临教育集团化发展"合"与"分"的新课题。例如，集团的西溪校区具有百年办学历史，在教育优质均衡发展的今天，如何整合历史，实现集团化办学再度提升，都需要通过大量的实践探索，需要西湖教育人继续为之付出辛勤的汗水和努力。

让集团成为人才生长的蓄水池

一、集团发展概述

杭州市西湖区闻裕顺学前教育集团成立于2008年5月,是西湖区首个学前教育集团,办学足迹先后分布于西湖区五街道一镇区共7个分园和1个紧密型教育共同体,园区边缘线达73.8千米,历经"名园＋新园""名园＋老园""名园＋农园"等多样态集团化办学方式。集团总园为杭州市闻裕顺幼儿园,是浙江省一级幼儿园,获首批浙江省示范性幼儿园、首批浙江省现代化幼儿园、首批杭州市儿童友好学校等荣誉。目前,集团有3个园区,分别是位于灵隐街道的总园和蒋村街道的西庐幼儿园、西庐幼儿园小班部,共26个班级近千名幼儿。

闻裕顺在集团化办学过程中的突出成果是培养了20多位校级干部,被誉为西湖区学前教育的人才孵化地。集团凝练稳定的内核体系,以复制的方式提供人才生长的基点;创建能动的内生机制,以生长的方式助推人才生长的动力；推进创新的课程机制，以超越的方式拓展人才生长的空间，培育专业和管理兼优的高素养团队，像"蓄水池"一样，在提取人才和补充人才的动态发展中能很快达到平衡和满溢状态。这也逐渐形成了闻裕顺特有的人才生长机制。

人民群众对于集团化办学的关注更倾向于对优秀教师和校园文化的高位期待，同时也对集团化规模不断扩大后"优秀教师会不会越来越少"心存疑虑。在集团化办学过程中，集团也遇到过人员需求紧迫的特别时期。例如，每两年新增一所新园的快速发展时期、超过5个分园的大体量时期以及分园之间距离超过20千米的远距离办学时期，都会出现教师需求量激增、园区间流动困难、高素养教师数量不足等现实问题。这要求集团必须将目光从外部支持转向内部生长，因为唯有自身源源不断地产出，才能更大地满足发展的需求。

2008年5月，时任杭州市副市长陈小平（右）为闻裕顺学前教育集团授牌。

2018年 ● 开办西庐幼儿园小班部。

2017年 ● 开办定山幼儿园;2019年,成熟脱离,独立建制。

2016年 ● 开办西庐幼儿园。

2013年 ● 与周浦幼儿园结成紧密型教育共同体。

2011年 ● 接管嘉绿苑幼儿园;2013年,成熟脱离,独立建制。

2008年 ● 开办之江幼儿园;2017年,成熟脱离,独立建制。

2006年 ● 开办塘北幼儿园;2013年,成熟脱离,独立建制。

2000年 ● 开办文新幼儿园,该园是杭州市首家连锁办学幼儿园;2003年,成熟脱离,独立建制。

杭州市西湖区闻裕顺学前教育集团办学发展历程图

所以，闻裕顺集团化办学定位在做人才生长的蓄水池，能更快、更好、更多地培养优秀人才。集团遵循时代发展需要实施多元办学方式，秉承"融入孩子世界，用爱聆听用心感悟"的办学理念，追求以内在生长为基础的自主实现，通过建构闻裕顺集团人才生长所特有的内核体系、内生机制和课程机制，以复制、生长和超越的方式，提供生长基点，助推生长动力，拓展生长空间，培育"脚下带风、脸上带笑，心中有爱、眼里有光"的闻幼师生样态。

2013年5月，闻裕顺学前教育集团—周浦幼儿园紧密型教育共同体授牌仪式举行。

二、实践探索

（一）可复制的内核体系：为人才提供扎根的基点

人才生长需要一个扎根的基点，即在办学过程中不断验证、凝练和沉淀下来，起到方向标的价值引领和实践指导作用的内核体系。不管集团接管多少分园，有了这个基点就能保证人才生长的方向是明确和一致的，育人目标就会坚持不变。由于这个内核体系稳定、成熟，具备显著特质，所以每当一个新园加入时，这个基点就可直接复制使用，以确保团队更快达成共识，员工心往一处想、劲往一处使。这个内核体系集聚在目标、管理和平衡的创建上。

目标是集团的精神内核，让每个人看清发展方向。集团遵循"融入孩子世界，用爱聆听用心感悟"的办园理念，确立"在幼儿园我们这样生活"的儿童宣言，自然、自由、自主的闻幼气质，以及"两带""两有"师生样态等四大目标，并依此制定集团章程和各岗位规章制度，在每个园区通过 VI 形象墙、阅读手册等形式进行物化呈现。凡新聘教职工人手一册进行专题学习，同时对全体人员通过周前会议、教研活动等持续渗透理念和目标，并在实践带教中，不断协同和巩固思想认知，确保每个园区团队对目标感知、理解和体悟的正确性。

管理是集团的操作内核，让每个人找准个人发展的位置。集团主要有立体化管理和扁平化管理两种方式，分别适用于新园刚加入时的发展期和稳定起步后的提升期。

立体化管理以集团为单位，通过统合集团资源来实施。集团各校级干部分管行政、后勤、教科研、工会等一条线，并给每个园区配置相关工作线的中层岗位，搭建起集团分管领导、园区园长（园区主任）、园区中层、一线岗位人员的管理通路，由集团校级干部实施分管线的纵向指导，引领新园区与其他园区同步开展工作，让新园区的每个人都能有依托地规范起步和有标准地实践学习。例如，后勤 6S 精细化管理、食堂五常法管理、幼儿一日活动组织规范、意外事件处理流程等，运用集团积累的资源，让新园团队通过集团获得手把手的指导，在操作过程中有据可依并迅速上手，做到规范到位，以此推进日常管理的快速正常运作。集团校级干部对自己的分管工作"一管到底"，承担制订计划、提出规范、具体指导和检查考核、反思提升等责任。

扁平化管理以园区为单位，依托集团但相对自主地实施管理，缩短管理通路，关注管理自主，推崇园区特色和自主发展。扁平化管理主要通过园区园长负责制的方式进行，集团副校级干部（或者综合能力强的中层干部）任园区园长（园区主任），对本园区的教职工聘任、日常经费使用（规定权限以内）、教科研工作等"一管到底"，全面负责。提升期的扁平化管理，将由上至下纵向嵌入的线状思维调整为落地生根横向发展的扁平思维，把对每个园区独立自主和创新发展的要求上升到一个新的高度。

扁平化管理时期集团线的管理方式沿用立体化管理，但弱化了其中的"具体指导"环节，将线的管理价值多定位在工作谋划上。

制衡是集团的辅助内核，让集团和个人在发展过程中保持平稳，纠正偏离，促进发展。集团发展过程中集团领导曾感受到太依赖集团力量、什么事情都要集团出面大家一起做而带来的"冗沉感"，也体会过太追求个性发展而带来的"分裂感"，所以，集团逐渐创生了以活动联动、分级目标责任考核和工作报告制度为主的制衡系统，克服集权僵化，也避免队伍的一盘散沙现象，努力保障稳定和发展。

活动联动是由分管领导牵头，组织开展教师和幼儿两个层面线上或线下的活动，比如集团中层干部聘任活动、师德动员大会、各类比武竞赛、棒伢儿迎亚运活动、工会健身活动等，融合园区间关系，增强集体感。

分级目标责任考核主要分为园区和中层两级。集团每年向各园区发布目标责任考核的细则要求，指导园区通过分解指标、分派任务、定期跟进、优化调整等具体措施实现各项指标任务，年末由集团办公室组织开展各园区考核，考核结果与园区绩效奖励基数挂钩，促进园区良性竞争。中层目标责任考核由分管领导负责实施，从培养中坚力量来说很有必要。

工作报告制度主要有集团工作报告和园区重大事项报告两项。集团工作报告两周一次，各园区当面向集团总园长报告工作情况、开展成效和后期打算，集团总园长做反馈、评价和建议，并根据需要上好干部管理课。集团工作报告能让园区之间工作公开和共享，同时形成互相学习、民主决策和自主发展的良好氛围。园区重大事项报告制度是各园区园长将本园区的重要活动、来访接待、参赛获奖、突发事件等通过钉钉发布的形式，向集团班子进行详细报告，便于增进彼此了解。

（二）会生长的内生机制：为人才助推生长的动力

集团人才生长机制着重于个体内驱力的建设，以期明确自我认知和追求自主创新，客观认识自己，努力达成自我实现。

为了帮助每个人认清"我能干什么"，集团重在双重岗位设置和积分制考核。内生动力源于正确的自我认知，找到自己在团队中的位置和存在价值。集团运用双重岗位设置和积分制考核方法，帮助教师看清努力方向，激发工作斗志。

双重岗位设置是指除班主任这一专职岗位外，将园区日常管理中的一切工作单独设兼职岗位，比如微信推送、信息报道、庆典主持、四季环境布展、故事墙等。在每年聘任中,根据每个人专兼职岗位各一的原则实施双向选择,把每个成员都放到园区的主人翁位置,让大家努力拓展"我能干什么"的思考。让园区里的"每个人都有事做,每件事都有人管",既保障了园区日常工作稳定有序,也激发了个体正确的自我认知和积极主动的工作心态。

积分制考核法主要关联期末考核的奖金分配,是通过关注日常每项工作的绩效来达到提升教师班级管理能力的目的,而非以期末的突击准备或仅凭高等级的获奖去拿到考核高分。考核数据来自教师每一天的工作实绩,包括备课、班级管理、日常管理、家长工作、教育教学等,每个月产生一个总分,期末时累加本学期的总分并根据当年比例换算成期末考核分,再折算成相应额度的奖金。积分制的实施让教育质量来自扎扎实实的每天日常工作,更夯实了人才思想基础,稳步提升了人才实践能力。

为了培养"我还能干什么"的思维习惯,集团采用了项目化和招标法。人的大脑结构决定了人很容易产生惰性思维而受困于约定俗成的工作,但工作中发生的问题是不可预设的,唯有看见了并解决了,才能推动高质量发展。所以,集团运用各类工作任务的项目化和招标法,培养"我还能干什么"的思维习惯,确立"不要事找人,而要人找事"的思维要求。

项目化针对融合教育、社区互动、亲子阅读等相对独立和预设的任务,通过公示、协商等招募项目负责人,而后以项目负责人为设计、联络、操作的责任者,以团队其他所有成员为协助者,共同实施和推进项目发展。在项目化实践过程中,项目负责人的全盘谋划能力以及全体成员的分工合作能力得到极大提高。

招标法对应于不可预估的生成性任务,比如临时安排的上级任务、幼儿生成性活动的教师支持等。本着共同研究和积极解决问题的原则，员工通过承接任务、拟订方案、团队审议和个体执行等流程，将"大家的事变成我的事"，愿意、乐于和善于为集体贡献自己的聪明才智。

员工不断认清自我，挖掘潜能，以能为团队解决前进道路中可能出现的困难和问题为己任，以能提出促进团队发展和提升的策略和行动为荣耀，也为努力达成自我实现而满足，提升生长的原动力。

（三）能超越的课程机制：为人才拓展生长的空间

集团倡导不同园区自主建构"和而不同"的园本课程，而非照搬总园的课程。在集团总园的园本"美诉课程"已获得浙江省精品课程的基础上，集团提供课程实践人才生长的专业土壤，以及专业发展的重要支撑，集团持续推进用思维拐杖和评价支持去超越的课程机制建设，以期在此过程中为人才生长拓展更广阔的空间。

以课程联结思维不断拓展人才的发展空间。集团对于课程拐杖的设计需求源自课程实践初期在团队成员发生变动时对研究延续性带来的困难。同样，当新园区加入时，全新群体如何才能更快更准确地把握课程理念，也是一个不小的难题。所以集团必须积极打造一种对新人较为友好的课程操作思维，依靠这种思维的"拐杖"作用，促进新人和新园能更快更好地融入集团。

"美诉课程"将幼儿的学习作为自我建构认知体系的过程，引用佩维奥双重编码理论，结合皮亚杰建构主义核心理念，通过搭建教育支架，促进幼儿对美的一百种表达，以此建构起"经验唤醒、通道建构和多元表达"三路径学习通路。集团下属西庐幼儿园借由三路径学习通路为思维拐杖，高效开展了主题审议、项目研究和课程推进，短短两年，"自然教育"园本课程也已初具雏形。

在亲历评价中更快培育"有思想的教育工作者"。集团主要以班级半日活动为观察切入口，由教科室牵头各园区教科室，通过"半日活动成效视导"的形式实施反思的评价指导。因此，集团把提升半日活动成效反思的有效性作为集团培育"有思想的教育工作者"的重要策略，通过集团教科室和园区教科室两个层级同时开展的"预约制"组织实施，以保教日志、环境材料、活动组织、师幼互动4个方面的组员分工进行集中观察，或者以整体性的大块状时间实施流水观察为手段，从活动安排、充分游戏、支持学习、关注整体、养成教育、生活管理、积极情感、观察分析、支持表达、随机教育等十个方面开展，最后以信息交流和反馈改进实施闭环管理，让每一个管理者都能在亲历评价中提升自我。随着评价支持方法的不断改进和熟练运用，课程机制愈加成熟。

闻裕顺集团化管理始终坚持"做人才生长的蓄水池"的价值理念，将人的自主与创新发展放在首位，在可模仿、可生长和可超越的实施推进中，为人才生长夯实基点、助推动力、拓展空间，培育"脚下带风、脸上带笑，心中有爱、眼里有光"的美好师生样态。

三、成效与思考

优质园多，裂变性好，发展样态特色化。集团8个园区均为浙江省等级优质园，其中浙江省一级幼儿园5所，二级幼儿园3所。另有紧密型教育共同体的周浦幼儿园成功地从杭州市乙级幼儿园升为甲级幼儿园。其中4个园区在集团管辖的3至8年内迅速成长,脱离母体并成功孵化出第三代集团园。本着"基于拐杖并创新发展"的集团化办学原则,各园区在美育、自然教育、儿童社会性发展等方面实施特色化课程建设,呈现各园区灵活生动的发展样态。

集团自身也保持持续发展,近期被评为浙江省现代化学校、杭州市友好学校,近10年考核连续获优秀级。

系统性强,精细度高,人才生长制度化。集团以人才生长机制的建设为出发实施高位谋略,在培育"脚下带风、脸上带笑,心中有爱、眼里有光"的师生样态目标指引下,提供丰富的制度文化土壤,就人才建设内驱力、执行力、创新力实施系统培育,建设起一支年龄结构佳、专业素养高、实践能力强的教师队伍(中高级教师占比达33%),并成功输送20多位校级干部(含市区幼教干部和教研员)。

当然,在发展过程中也有不尽如人意之处,尤其是人才层次不明显带来的新问题值得进一步思考。在幼儿入园需求逐年下滑的形势下,闻裕顺集团各园区人员稳定,近5年未有新园加入,人才生长上升空间狭窄、人才层次不明显等情况已开始冒头,同类人群竞争激烈已可预估。新时期集团化办学如何进一步谋划分层培养、怎样堵疏结合提高队伍稳定性,都值得继续深入思考和研究。

建一所强一所　成就集团更优质发展

一、集团发展概述

　　杭州市西湖区山水学前教育集团创建于2009年4月。2013年3月,以山水幼儿园为龙头,蝶园幼儿园、山水幼儿园幼托部一起参与,组建成新的教育集团架构。集团于2019年9月开办云溪幼儿园。2021年,各方面条件成熟的蝶园幼儿园独立办园。2022年,集团开办云溪第二幼儿园。站在新的起点,山水学前教育集团始终坚持为党育人、为国育才,秉持"和美山水·乐享童年"的发展愿景,持续完善集团化办学管理机制,激发办学活力,营造集团化办学多元治理生态。

　　在共同富裕背景下,山水集团不断创新集团化办学模式和机制,大胆探索,通过顶层保障、管理创新、孵化再生、融合发展等改革举措,大大加速了城乡教育一体化进程,共同培育"求真·向善·创美"的美好儿童,携手打造"精锐·精进·精致"的教师团队,用心组建"理解·尊重·协同"的家长队

2022 年 9 月 位于之江板块的云溪第二幼儿园顺利开办,为"教育南启"再注入新力量。

2021 年 9 月 位于蒋村板块的蝶园幼儿园成熟脱离,独立建制。

2019 年 9 月 随着"教育南启"计划的实施,云溪幼儿园在之江板块顺利开园。

2013 年 3 月 随着新一轮的改革,以山水幼儿园为龙头,蝶园幼儿园、山水幼托部一起组成新的教育集团架构。

2009 年 4 月 山水学前教育集团成立,下设有山水、新城、嘉苑、莲花港、幼托园、蝶园 6 个幼儿园。

杭州市西湖区山水学前教育集团办学发展历程图

伍。集团化办学不是简单的挂牌、贴标签，而是要实现优质教育资源在集团化模式下的有效辐射和引领、再生。

山水学前教育集团的实践证明：在建一所强一所的发展过程中，集团内部形成一整套科学健全的管理机制与运作系统，在不断的实践检验中更为优化。在集团化办学过程中，新园办学质量是如何做到和母体学校一样的？在收获信赖的基础上又如何凸显各园区的品牌特色？母体园又如何在孵化过程中不断精进？集团母体在不断优化、不断成熟、不断完善中很好地解答了这些问题。

2022年3月，山水学前教育集团云溪幼儿园孩子唱响快乐童年。

二、实践探索

西湖区开展集团化办学探索已有20余年，集团化办学不断迭代升级，促进了优质教育资源的裂变和蝶变。山水学前教育集团在10余年的发展中，始终以"办更适合幼儿发展的学前教育"为初心使命，依托集团背景，在

"和美山水·乐享童年"的总目标引领下，一体化管理，高标准实施，各幼儿园既紧密结合，又各具特色开展教育管理，在提升全域优质保教质量管理中做出了有效的实践。

（一）"和美文化"，引领各园优质发展

2012年，城西板块的蒋村商住区周边大量引进阿里巴巴、未来科技城的高素质、高要求人群。由于离主城区较远，周边还没有名园带新园的集团化办学样态，当地教育资源无法满足引进人才对优质教育资源的渴望。为加快区域布局，此时，在集团化办学的初始阶段，由山水学前教育集团领办的第一所蝶园幼儿园应运而生，成为第一所名园带新园的集团化发展样态。

1. 体认"和美"育人价值

山水学前教育集团山水总园作为区域内一所具有业界影响力的杭州市特级名园，在园所发展近20年的过程中，始终把好"和美文化"的脉搏，精准掌握"和"文化在集团化办学历程中的关键点。2012年9月，蝶园幼儿园成为组建集团化办学中在蒋村区块领办的第一所新园。新园领办既是集团化办学过程中成熟的山水母体园发挥名园辐射引领效应的应然，也是新时代教育发展背景下集团化办学辐射的使命与园所开办初期困境之间矛盾的实然。值此集团化办学之际，如何将博大精深的"和"文化与教职员工的教育实践相联结，集团班子进行理性兼感性的双重思考。根据"关系优于教育"的理论认知以及"和"文化背景下的和美教育实践样态，开展与

家长、孩子、教师、专家、领导的五方论坛，遂衍生出"和孩子在一起和颜悦色，感受美""和同伴在一起和衷共济，创造美""和家长在一起和乐共融，传递美"的人文关系建构，进而提炼出和美文化、和雅教师、和谐团队、和乐课堂的内涵，得到全体山水人的高度认同，并成为全体山水人的行动指南。可以说，在领办蝶园幼儿园的过程中，集团很好地发挥了文化在新幼儿园中引领人、感召人的巨大作用，让教师行有所向，让家长期有所望，让孩子爱有所归。文化的深度诠释、成功复制，为蝶园幼儿园的稳步快速发展打下了坚实的基础，更丰厚了山水总园的文化底蕴，成功体现了集团化办学因文化的传承与发展助推集团各园所的新兴发展。

2. 构建"和谐"教育生态

集团文化如何在新园区的具体管理中真正落地？不断完善集团化管理机制与制度保障是实施集团化办学的重中之重。每年集团均通过教代会将母体园的章程、制度进一步完善梳理，力求更加精准科学、全面细致，以不断顺应集团整体发展的需求。结合新园实际，秉持不求所有、但求所用的宗旨，认真制订一园一方案，进行园区制度的汇编。重在解决实际所需，而非生硬套用，以基础加创新塑新貌，努力实现"情、知、意、行"的统一。以制度化、规范化、标准化、流程化为原则，通过3种模式精准驱动园区的自主管理。一是把好脉，推动台账式管理，将基础常态工作台账化。台账式管理可以高效夯实基础，明晰方向和实现目标，确保日常工作规范化、细致化。二是找对症，推动项目式管理，保障重难点工作的高能化。当园所出现突发事件或重难点工作时，及时成立专项小组，凝聚团队力量弄清楚做什么、怎么做、为什么做。秉持少而精、做一件成一件的信念，找到适合的方法和策略，在解决具体问题的过程中提高人的责任感及成就感。三是开好方，推动视导式管理，助力园区工作品质化。校级班子成员作为视导专员，每周跨园区开展专项视导，敏锐地察觉问题并将问题解决于萌芽状态，引领各园区建构更为清晰的规范流程。从文化引领到制度保障再到实践落地，逐渐形成集团化办学既充满人文情怀又严谨规范、灵活民主的和谐教育生态，为更多的幼儿园加入集团奠定了坚实的基础。

3. 营造"和乐"工作氛围

如何提升集团教师的幸福感受力，共同营造和乐的工作氛围？这是集团化办学发展中的关键要素。集团领导深切体会到，完善制度是为了推动健全的长效管理机制，但不能成为束缚教师内心的枷锁。集团充分抓住"两节"（教师节、伙伴节）、"两会"（开学工作会议、结束表彰大会）契机，通过总园长的主题宣讲，帮助教师坚定教育信念，并通过"看见每一个、倾听每一声、感动每一刻"党群恳谈交流活动，提升教职员工的职业安全感、幸福感、意义感。集团总园长帮助教师从"认识自我""创造生活""改变世界"三个维度出发，利用教师独有的寒暑假组织开展"一场阅读""一场陪伴""一项运动""一种劳动""一件好事"的假期"五个一"活动，渗透"仁爱""慈孝"文化，让感动自己、温暖别人的动人故事成为山水集团的主旋律。随着时间的推移，教师的内生力不断丰厚，从假期"五个一"的践行升格为整个集团的"五个学习场域"：支部慢书房、青年游学团、工会自得社、业务茶话会和成长摘星营。例如，"青年游学团"就是由团支部牵头，组织青年教师利用周末走进画展,走进音乐会,走进自然风光,走进红色基地,以游学方式让自己的生活更为充实有趣,让信仰成为"思想常青树";又如,"成长摘星营",基于集团新青年教师培养计划,集团组建一支由0至3年教龄的新青年教师组成的"成长摘星营",由总园长亲自担任"摘星营"营长,从思想、情感、专业三个维度赋能,帮助年轻教师扎根山水。

(二) 资源整合,实现抱团式发展

在西湖区"教育南启"的背景下,2019年9月,由山水学前教育集团领办的第二所云溪幼儿园成为当年重点的民生实事工程。然而,云溪园区与山水母体园区地理位置相距较远,新开园与有着10多年文化积淀的老园在历史背景、文化因素、周边资源等方面均有很大差异。各园在和美文化发展的基础上,如何互补优势、创新合作形式,引领新园找到发展新路径,成为集团化办学在成熟阶段的重要生长点。

1. 创培管理梯队

集团化办学进程中,怎样才能实现干部的高素养和高水平？这是集团实现跨越式优质发展的核心要素。每年7月,集团以岗位竞聘为主要形式,结合园区(园长)推荐,选拔一支想干、肯干、乐干的新生代管理队伍,以压担子、重过程、有成效为准则锤炼核心能力,夯实干部队伍底气,充实能量。借助"三长学习日""挂职锻炼周""600秒管理论坛"等培训机制,全力打造一支严谨自律、挚爱善诱、团结务实、快乐创新的教师队伍和一支乐于奉献、勤政、廉政、善政的管理团队,为集团规模的不断壮大蓄力赋能。"非

权力影响力在幼儿园管理中的实践""有效沟通三重奏""赢在中层奋进启航"等成为专题管理课程,丰富管理者的多元思想,促进班子队伍的向内输入。同时,通过园区核心小组会议,半月谈、月质量分析会以及总园长引领的"焦点解决读书会"专项学习路径,倾情输出管理思想,为班子团队、"三长"中层团队赋能,在管理的抱团中建立"你中有我、我中有你"的共同成长关系。集团进一步厘清新教师入格培养、成熟教师升格培养、骨干教师风格培养的教师梯队建设思路,基于两个市级立项课题"幼儿园'场线阅读'园本教研的组织与实施"和"集团化办学背景下'线上园本培训'模式的实践研究"的经验,实施"三力三点"(即以实践操作能力为基本点、学习反思能力为着力点、课题研究能力为突破点)培养思路,努力实现教师在专业精神上有升华,在专业技术上有突破,在专业能力上有提升。

2. 创建学习共同体

面对集团规模的不断扩大,集团新青年教师比例不断提高,如何实施"新青年教师队伍发展优先战略"？这是集团发展内生活力激发的重点。集团首先创新"联合大教研"模式,构筑"研究场",助力稳固教师专业最优发展区。通过"园长进课堂"示范活动,即园长每周一次的进班上示范课以及半日活动的组织,开展基于教育现场的研讨,实现理论联系实际的高站位引领。其次,集团建立了规范的园本研修制度,除了各园区教研组的日常专题研究,每月开展一次跨园区联盟研修活动,通过对话、观摩、实践等方式,解决教师所需,实现教育管理的同质提升。再次,鉴于集团骨干教师力量相对薄弱的问题,打通研修场域,以"项目工作坊"的形式在集团招募骨干教师担任组长,组成具有鲜明特色的集团领域项目小组,聚焦语言、音乐、艺术、家长工作、班级文化等方向开展每月一次的线下联盟研修活动,为骨干教师创建"发挥智慧·共享成长"的平台,在深耕各领域研修中提升专业水准。秉持集团"倡导多元·鼓励优秀·允许平凡"的教师培养理念,通过"三杯竞彩"活动,让不同层次的教师获得专业展示的平台与机会,提升专业自信,在研学联盟建设中构建积极向上、精锐奋进的山水学习共同体,为各园区的发展需要源源不断地输送师资,让每一位教师逐渐走向优秀。

3. 创学教师精神

精神是文化传承之瑰宝,在蓬勃发展的西湖教育态势下,在高质量学前教育发展背景下,为更好地将"育人育己、博学精艺、爱满西湖"的西湖教师精神滋养每一位山水教师心灵,为西湖这块教育土壤输送扎根沃土、爱满西湖的教师梯队,集团以"传承西湖名师精神、锻造山水和雅教师"为目标,通过邀请西湖教育前辈进园做主题讲座的形式,全面提升和美文化熏陶下的山水和雅教师的思想内涵。集团邀请学军小学原校长、西湖教育前辈杨一青先生开展《搭建飞翔的舞台——立德树人与教师职业修养》《学校品牌与三长队伍建设》等专题培训,带领青年教师探寻教育真谛,帮助教师精准定位,明确当代教育工作者的使命与责任,通过面对面亲切交流,帮助管理队伍架构新路径,探寻新时代下管理的方法。集团还邀请西湖区教育局原局长吴吉春做《教育要面向学生的未来,而不是我们的过去》《中国共产党是最有力量的》等专题讲座,从高瞻视角帮助教师塑造当代教育发展需求下的爱学习、善合作、强素养、精方法的儿童研究者的形象,通过党史、国史、教育史培训，追溯教育的起源，明确教育未来发展的新期待。老一辈西湖教育人殷切地希望青年教师找到自己的人生目标和方向，探寻教育的本真。代代接力、薪火相承是西湖教育的优良传统，老一辈西湖教育家的大爱精神在集团一代代教师的心里生根发芽。

（三） 培育特色项目，推动集团更优发展

在集团化办学中，集团坚持成熟一个、发展一个。2021 年 9 月，在山水学前教育集团领办下的第一所蝶园幼儿园成熟发展，从山水母体园脱离，很好地彰显了集团基于"和美文化"背景集团化办学的成效。2022 年 3 月，集团又领办了位于之江板块云溪第二幼儿园的任务。而此时，集团面临"教育南启"计划的另一新挑战，即深化课程体系，帮助各园区找到园所发展的课程"生命线"，从而成就集团整体优质发展。

1. 构建和美课程体系

集团基于自身特点致力于和美课程实践，着眼儿童艺术审美发展，构建起基于儿童经验需求的园本课程。集团作为西湖区园本课程首批孵化园，基于"和美山水·乐享童年"的办园理念，携手教师、家长、社区，构建基于"儿童发展需要"和"传承文化之源"的和美课程体系。从儿童感兴趣的生活出发，在省级课题"转变幼儿学习方式的载体设计与实施策略研究"的引领下，深入开展"和美体验日、和美情景剧"课程实践。同时，通过主题教学活动、区域游戏、一日生活相融合等多种形式，助推儿童发展，让孩子具有健康的体魄、愉悦的情绪及良好的审美与创造，更好地促进儿童全面和

谐发展，不断深化和美课程的文化特质与品牌内涵。

2. 孕育和美课程特质

在和美特色课程的实践中，集团提出"要从艺术生命的高度来关注音乐教育活动"的理念，从儿童的视角出发，将音乐教学的本质和幼儿学习的本质紧密结合，把"愉悦、生本、发展"确立为音乐教学变革的价值取向。立足省规划课题"动感取向：儿童视角下的音乐教学方式的改革与创新研究"，历时10年的研究成果《动感取向：幼儿园音乐教学变革的实践探索》以专著的形式出版，并获得浙江省创新教育成果一等奖，成果中既包含对幼儿园音乐教学变革的理论思考，又涵盖对幼儿园歌唱教学、欣赏教学及音乐主题活动的改革实践。随着课程实践的不断深入，集团从最初的指向于音乐集体教学的持续研修到音乐情景剧的实践，再到和美"玩剧"的实践

2017年12月，西湖区教育局、浙江省名师名校工作站共同举办特级教师教学艺术展示暨新书发布会专场活动。

探索，锐意进取，不断创新，立足省规划课题"玩剧：基于儿童视角的音乐学习载体设计与实施"开展"玩剧环境""玩剧课程""玩剧师训"三大课程模块实践的研修。通过"资源包支持""流程化引导""递进式载体"三大保障策略，逐步实现幼儿审美能力和教师审美教育能力的共同发展，其中阶段性成果和美"玩剧"获评浙江省第三届精品课程。

3. 深化和美课程样态

各园区在课程实施中，均很好地呈现出基于集团和美课程背景下以"求真向善创美"的文化归旨以及园本化、生本化、地域化的多元课程样态。其中云溪幼儿园以"漫生活·享童年"的实践样态激发儿童与生俱来的"内在生命力"，以"劳动者的匠心""运动员的韧劲""艺术家的自由"为期待，深化"云溪探秘·随心而动"的"三动＋"课程实践。云溪第二幼儿园作为一所刚创办的新园，基于课程源于儿童真实生活的理念，将中国传统文化和现代艺术相融合，通过"社会共情"项目，开展以儿童生活剧为主攻方向的特色课程探索。集团始终以课程背景下的各级课题为引领，通过教科研一体化实践、研究，不断转变教师课程实施理念，从关注"教师如何教"到"儿童如何学习"。同时在具体的课程践行过程中，从积累到反思到再实践，不断更新提升教师的课程创生力与执行力，极力探寻适合儿童的学习方式，从而以"从外部建构走向内在激发""从教育到走向感受到""从教学音乐走向体验音乐"为价值取向。集团定期整理课程实践经验，在回顾梳理中形成课程实施要点，并鼓励教师通过各级各类平台发表成果，提升教师课程思考力与研究力，以此成就孩子，成就教师，成就集团更优质的发展。

三、成效与思考

悠悠十余载,山水学前教育集团非常好地实现了基于"和文化"背景下的"和美教育"实践样态,不断深化"和孩子在一起和颜悦色感受美、和同伴在一起和衷共济创造美、和家长在一起和乐共融传递美"的和美文化内涵,携手全体山水人真抓实干,不断实现"办一所、强一所、优一所"的集团化办学发展目标。从2012年第一所蝶园幼儿园的领办到如今又领办"教育南启"计划下位于之江板块的云溪幼儿园、云溪第二幼儿园,几年间,山水学前教育集团逐年实现办学质量的优质提升。

(一)和而不同:蝶变发展,传承创新

基于集团同心圆管理组织架构,集团有效构建"一核心·四中心·多辐射"的管理机制。位于城西的蝶园幼儿园与城南的云溪幼儿园,很好地借鉴与复制了山水母体园的成功办学经验,引用并注入山水母体园的优质师资,达到了集团化办学水平的整体提升。在山水集团高标准的集团化管理样态下,位于蒋村商住区板块的悠悠蝶园很好地完成了蝶变,于2021年9月独立。位于转塘之江板块的云溪幼儿园及云溪第二幼儿园也以"老百姓家门口的好学校"的口碑很好地彰显了全域优质的西湖教育蓝图背景下"教育南启"工程中名园样板的价值。

(二)各美其美:品牌塑造,特色彰显

文化是流动的,却能体现集团和美文化共性之上大美山水、茵茵幼托、

灵动云溪、童话二幼的文化特质；师资是流动的，却能体现山水和雅教师"温文尔雅、和蔼可亲、内心充盈、专业精深"的精神气质以及"诚人真事、敬上爱下、团结合作、开拓创新"的工作作风。山水幼儿园即将进入第20年，以丰盈特质、品牌办园为核心宗旨，梳理名园成长的心路历程；云溪幼儿园即将进入办学的第5年，以关注细节、品质办园为核心宗旨，5年内即将成为之江板块的一所以音乐艺术为特色的样板幼儿园；云溪第二幼儿园迎来办学的第2年，以建章立制、规范办园为核心宗旨，成为之江板块的又一所以社会共情为特色的示范样板。山水学前教育集团在集团化办学过程中实现了培养人才、高质输出的愿景。近年来，集团共培育1名特级教师、1名正高级教师、1名正校级领导、6名副校级领导，有50余名教师获得市级、区级荣誉，是"以人为本，让每一位教师逐渐走向优秀"的集团化办学宗旨的生动写照。

（三）美美与共：双向奔赴，向美而行

家长、社会均是集团化办学发展历程中的重要资源。集团从专业、高标的角度出发，通过全方位的团队建设，使得职初教师应知应会、成熟教师破旧立新、后备干部角色转型，充分提供搭台建梯的系统学习机会，因此得到业内人士与家长的一致好评。集团化办学还通过"集团家委会""家长志愿团""家园读书会""体验式家长开放日"等，将家长真正作为教育资源纳入幼儿园课程中，在实现"家园互通""资源共享""合作共赢"的稳固桥梁中做出有效的实践。集团2014年获评"杭州市示范家长学校"称号，2019年获评"杭州市智慧教育示范校"称号，2021年获评浙江省首批现代化学校，

2023年获评杭州市友好学校。

集团以加快推进教育集团化的办园品质为动力,以优质幼儿园带动新建幼儿园全面发展为总抓手,促进健康优质科学发展,实现"一园好"变"园园好",山水相依,琴瑟相和,创建了一条有特色的、可持续发展的集团化办学之路。展望未来,如何基于山水母体园"浙江省现代化学校"和"杭州市智慧教育示范校"创建基础,进一步探索集团教育信息化建设工作,推广现代化学校和智慧教育成果,为更多的儿童提供现代化高品质的教育,推动学前教育事业的发展,集团对此责无旁贷,充满信心。集团将以此为目标继续办好"家门口的好学校""老百姓口中的好教育",为满足人民群众的教育需求持之以恒地做出努力和探索。

互融共荣：
紧密型教育共同体建设的探索之路

一、集团发展概述

为推进教育均衡优质发展，根据西湖区教育局整体部署，杭州市学军小学在集团化办学过程中呈现出多样态发展历程。2004年9月，学校参与了全国首创的"名校教育广场"——杭州市钱塘外语学校办学。2008年，在百年校庆之际开办了新校区——紫金港校区，开启了学军小学多校区办学的局面。2011年8月，学校与杭州市转塘小学组成紧密型教育共同体。2014年9月，学校在转塘板块又开办了之江校区，两校进一步积极探索紧密型教育共同体共建共融发展的样态。2019年9月，杭州市学军小学教育集团成立。2021年，集团又开办了云栖校区。至此，"一个集团、四个校区、两个紧密型共同体"的整体架构基本形成。

杭州市学军小学教育集团在百余年发展的历程中，经过几代学军人的开拓发展，以"自律、自由、自觉"为校训，以"个性化、现代化、国际化"为办

在双浦板块开办云栖校区。 ● 2021年

杭州市学军小学教育集团成立。 ● 2019年

在转塘板块开办之江校区。 ● 2014年

与杭州市转塘小学组成紧密型教育共同体。 ● 2011年

开办紫金港校区,开启多校区办学。 ● 2008年

参与"名校教育广场",开办杭州市钱塘外语学校。 ● 2004年

杭州市学军小学教育集团办学发展历程图

学目标,倡导基于儿童文化的个性化教育、"让儿童成为儿童"的办学理念,朝着"教师发展的沃土,学生成长的乐园"的学校愿景不断迈进。

2011年8月,学军小学与杭州市转塘小学结成了紧密型教育共同体。杭州市转塘小学是一所诞生于1909年的百年老校,一直担负着培育转塘少年的教育使命,然而终因地处农村,逐渐拉开了与名校的差距。进入21世纪,随着城市化的推进,之江新城快速崛起,学校迎来了新的发展契机——与百年名校学军小学结为紧密型教育共同体。

二、实践探索

一所是百年名校,一所是百年老校。正因为两所学校都有着自己百年来形成的固有地域、文化、制度,两校在紧密型教育共同体建设中遇到了不少问题与困难。12年来,学校积极将问题转化为课题,在实践中不断研究与探索"互融共荣"的发展模式,共同走出了一条紧密型教育共同体的建设之路。

(一) 情感篇:从"自由恋爱"到"家庭组建"

"初到转塘小学开展共同体建设是不容易的,我们首先要解决的是情感上的接受与认可问题。"2011年,时任学军小学副校长、转塘小学校长张军林这样说。确实,一所百年老校有其原有的制度与文化。在紧密型教育共同体背景下,如何让成员校转塘小学情感上接受与认可领衔校学军小学的共同建设呢? 这是一个需要逐步认可的过程。

最初,两校历史互动,建立情感基础。学军小学作为一所百年名校,其品质有口皆碑。2001年起，转塘中心小学就派过分管副校长、中层等领导到学军小学进行挂职锻炼。挂职期间，他们充分参与到学军小学的教育教学工作中；回到转塘小学后，积极将学军小学的办学理念和思想带回学校，并与学军小学结成友好学校。后来，两校在教师层面也逐步开展教学联谊活动，邀请学军小学名师袁晓萍、许宏等到校讲课，提高转塘小学教师的专业能力。因此，无论是管理团队，还是教师队伍，领衔校与成员校间的结合都有一个长期"自由恋爱"的过程，紧密型教育共同体的建设，是有情感基础的。

其次，共同体管理输入，提供团队保障。根据教育局整体部署，2011年4月，学军小学两位校级干部来到杭州市转塘小学参与紧密型教育共同体的筹建工作。为了更好地进行共同管理，学校以"团队"管理的形式输入，为各方面的融合沟通做好了基础保障。学军小学外派的张军林副校长主持转塘小学的行政和党建工作，与转塘小学原有校级班子一起组成了新的管理团队。随同组建共同体的人员还有科学、美术、体育、语文、数学等学科教研组长以及学校中层干部等。这样，学军小学从架构上完成了与转塘小学各部门的紧密对接，"真刀真枪"深层次开展互动交流。

再次，学校文化理念的树立，有尊重有发展。紧密型教育共同体环境下，转塘小学应打造成一所怎样的学校，是复制学军小学还是保持原转塘小学的特色不变，是一个关系到学校走什么路的大问题。在2011至2012年的共同体实践中，尊重转塘小学的原有文化，在此基础上不断输入、融合、再造。转塘小学结合学校原有文化及学军小学的童心文化进行再提炼，提出了"成为最好的自己，成就幸福的人生"的校训，设计了学校LOGO

和形象系统，自下而上、自上而下进行探讨，积极营造适合学生成长的教育生态系统。在这个系统中，"平等尊重"是阳光，"师资水平"是雨露，"课程资源"是土壤，"学校家庭社会风气"是空气，而学生就是这个圈内的主角，整个生态圈服务于他们的发展，最终努力让每一个学生成为最好的自己、成就幸福的人生。

由此可见，学军小学—转塘小学紧密型教育共同体的组建，从"自由恋爱"到"家庭组建"以互尊互容的情感为基础，以互通互融的文化为保障，逐步让一所百年老校和一所百年名校同心共情。

（二）转化篇：从"教育理念"到"教育行动"

转塘小学地处城郊，教师相对趋于安逸，且"唯分数论"现象较为普遍，同时，部分家长的育子理念存在偏差，不懂如何科学指导孩子成长。2013年9月，时任学军小学和转塘小学校长汪培新提出："如何转变转塘小学教师及家长的育人理念，是共同体建设中迫切需要解决的两大问题。"

1. 从"百团大战"到"五院一梦"，教师在自觉行动中内化理念

为更好地理解校训，学校组织了一系列"解读校训"活动，从管理团队到三长团队，从骨干教师到青年教师，转塘小学的每一位教师都将校训内化、新生为自身的感悟：让每一个学生享受适宜发展的公平教育。2014年9月，转塘小学全面推进课时配置的规范化工作，建立了面向所有学科的公平考核评价机制，不再强调学科大小，不再有主副之分。这一改变有效地促进了学生学习、发展权平等，学科教师教学平等。这是对旧教学常态

的破解,教育新常态的构建。在这种教育新常态下,教师和学生的积极性和创造性得到空前的激发和全面的释放。转塘小学依据学生的不同爱好,创建了100多个社团,力争让每一个学生都能找到适合自己的社团,都能在自己喜欢的社团中获得成功的快乐。

2016年9月,时任浙江省教育厅厅长刘希平参观转塘小学图书馆。

为进一步丰富学生成长的资源,丰沃学生成长的土壤,学校将幸福课程具体化,从培育科技素养的科技环保课程、适宜儿童个性的选择性社团课程、文明习惯养成性课程、校园节日活动的特色课程等方面形成校本课程的开发、实施指南,建设少年科创院、少年文理院、少年艺术院、少年健康院、少年礼仪院,研发成长梦想评价体系,形成"五院一梦"校本幸福课程。"五院一梦"校本课程是学校课程建设与评价系统的融合,是学校课程与社团活动的融合。"五院一梦"不仅成就了学校课程建设的规范化、校本化、系统化,更为成就学生的金色梦想奠定了坚实的基础。转塘小学连续获得西湖区艺术节、科技节优秀组织奖,学生逐步在更大的舞台上"崭露头角":国际跳棋从区级跨越到国家级候补大师,校园足球从校内走向全国,DI社团从国内比赛到国外……这正是学军小学"个性化育人模式"在转塘小学的再发展。

通过个性化校本课程开设,学校逐步看到了教师育人理念的不断转变:班主任从晨间对体训学生的"百般阻拦"到自发为校体训队"引荐人才",学科教师从只为学生各科分数"殚精竭虑"到为每一个学生个性化发展"摇旗呐喊"。转塘小学的教师在实践"幸福课程"的过程中,不断学会欣赏每一个学生,认同每一个学生的自由发展。在一个个转塘小学的行为实践中,学军小学"基于分数,超越分数;基于儿童,发展儿童;基于个性,培养特长"的基于儿童文化的个性化教育的办学理念逐渐融入。

2. 从"逃避问题"到"直面解决",家长在文化共建中认同理念

面对转塘小学"很多家庭不订报纸杂志,也没有什么藏书""转塘一带没有图书馆、科技馆,也没有青少年宫""孩子不在家吃早餐"等一系列暴露的棘手问题,学军小学时任校长汪培新充分认识到教育生态的重要性。因此,提出以家长学校建设为抓手,从改变家长的育子观开始,培育新公民意识,培植现代市民素养;从调动社区力量入手,积极有效地推进学校周边成长生态的优化。

首先,学校以家长委员会为中心,把学校与社会紧密地联系在一起,形成了家、校、社区一体的"三维互通"的家长委员联席会议制度。选出了家长委员会的会长、副会长、秘书,形成了《家长学校家委会章程》《家

长学校家委会制度》。各班也建立班级家长委员会,形成班级家委会工作机制。同时,积极推进社区家委会建设,以充分发挥社区的育人功能。

其次,学校充分利用家长学校这个平台,开设了一系列"家校文化共建课程":邀请原学军小学校长、省功勋教师杨一青,著名的青少年教育工作专家陆士桢等知名人士来校,和转塘家长面对面交流,把家长会转变为培训会。围绕童心教育理念,学校在一年级家长开放日中开辟"亲子课堂",邀请家长共同阅读,倡导亲子阅读。每学期,在校刊《转塘教育》中开辟家庭教育专栏,刊登家长的育儿故事,分享学生的成长经验。此外,为建设学习型家庭,学校特意在周末开放藏书5万多册的图书馆,营造亲子共读、温馨而富有诗意的场所……

转塘区块的家长在教育生态的建设过程中,不断接受、认同、实践育人理念。从"漠视每日早餐"到"精心烘焙",从"藏书为零"到周末的"亲子阅读",从"宁愿送到市区上学"到"根据学区入学",转塘区块的很多单位主动表示愿意与转塘小学实施共建,让员工子女到转塘小学就读。这是一大可喜的变化。

学军小学的"童心课程"和转塘小学的"幸福课程",有着共同的育人目标,却又各自焕发着新的生命力。在紧密型教育共同体的发展过程中,转塘小学的校园文化日趋浓厚,家校教育理念日趋一致。在整个生态系统中,教育成了一种自觉,成长也成了一种自觉。时任学军小学、转塘小学校长汪培新在接受杭州网记者采访时就曾说:"如何将转塘小学真正实现从硬件上的改善到'气质'上的改变,这是我想得最多的问题。"他还说,改变一所学校的"气质"核心是改变一所学校的文化,改变一个地区的教育生态。有了一个"风调雨顺"的教育生态系统，他坚信转塘教育会有美好的明天，也坚信转塘的学生也能比肩一流学校的学生。

（三）反哺篇：从"正向输出"到"反向输入"

2014年9月，一件大事在转塘发生——新落成的学军小学之江校区开始首届招生。但是，摆在学军小学面前的困难是：当时紫之隧道还没开通，之江校区离主城区校区距离很远。作为第一所在转塘地区开办的名校，之江校区的发展离不开紧密型教育共同体的反哺。

共同体建设初期，名师工作室的输出起到了正向哺育作用。2011年12月5日，时任西湖区教育局党委书记、局长钱志清来到转塘小学，为来自学军小学的包括特级教师汪培新、许宏、袁晓萍在内的9位名师的"杭州市学军小学名师工作室转塘分站"授牌。此工作室转塘分站涉及语文、数学、英语、品德、美术、音乐等多个学科，一年中每个工作室每学期围绕各自学科专门开展至少两次主题教学研讨活动。每个工作室优先招收转塘小学各学科青年教师进行优化培育。这期间工作室师傅不仅对徒弟进行课堂教学的指导，也对他们的教学科研进行指导，提高转塘小学徒弟的科研水平。现在名师工作室活动形式已融入转小的教研之中，成为不可分割的一个组成部分，真正实践了"名师转塘工作室"的理念。这种活动在培养教师的同时，形成了一种优化了的教研文化。这种文化深入到转塘教育的每一个方面，并能持久影响转塘的教研。名师工作室的"正向输出"培养了一大批转塘的优秀教师和学校骨干，王建、邬国娣、李丽娟、戴秀芬、袁其滨、周瑾等都成了西湖区各学校的校长、副校长，郑芳、周洁敏、赵纯娴、何陆敏等评上了杭州市教坛新秀。

2011年12月，学军小学特级、首席教师工作室转塘分站成立。

　　之江校区开办之期，转塘教师的输入起到了反向哺育作用。2014年9月之江校区的开办，形成了"转塘地区两校四校区"的格局：转塘小学象山校区、转塘小学方家路校区、转塘小学回龙校区、学军小学之江校区。这4个校区尽管有不同的隶属，却在同一位校长——汪培新校长的统一领导下。因此，在之江校区新开办之际，两校四校区采用线面结合的管理方式，实现了两所学校的深度"互融"。尤其是管理力量、师资力量与资源配置的均衡上，作为紧密型教育共同体的转塘小学起到了反哺学军小学的积极作用。转塘小学输入了包括郑英、朱丽丽、陈冬冬等中层干部在内的15位教师，在师资队伍建设上保障了学军小学之江校区的顺利开办。

　　在共同体建设过程中，两校紧密实施教师互派共育的队伍建设。为推进紧密型教育共同体建设，两校教师队伍自始至终都保持着互派共育的建设。为进一步提高学校管理水平，每年两校的管理团队，以不同层次、不同形式开展管理交流活动，坚持做到一周一校务会；为进一步提高骨干教师的专业水平，每年领衔校教师"支教"，成员校教师"跟岗"，基本实现3年一轮回；为共同培养学军小学与转塘小学的"新教师"队伍，两校从统一招聘新教师到一体培训新教师上岗，基本实现共融共训。更重要的是，通过这样的互派共育真正提升了教师对教育教学的更多理解。当时从学军小学来到转塘小学工作的姚国娟老师说："来到转塘小学，对个人的专业成长和师德层面的提升都有很大帮助，因为你会对教育发展的不同形态有更多研究，也会更懂得宽容与体谅。"

三、成效与思考

从2011年到2023年，学军小学—转塘小学作为西湖区第一批紧密型教育共同体学校走过了整整12年，在3年为一轮的四轮共同体学校建设中，取得了显著成效。

探索形成了"互融共荣"的紧密型教育共同体发展模式。如何让"一所领衔名校＋一所成员老校"紧密发展？转塘小学现任校长王建说："在3年为一轮的四轮建设中，两所学校在情感互通、文化互融、人员互派等措施中不断实现了两校理念共融、资源共享、成长共生。"正是因为有这样的发展模式的成功经验，如今学军小学教育集团与杭州市钱塘外语学校、杭州市九莲小学又形成了新的紧密型教育共同体，在互融共生中一体发展。而作为当时成员校的转塘小学已华丽转身为领衔校，与临安晨曦小学西校区结为山海协作的共同体学校。两校在新时期新形势下，为推动教育公平、走向教育共富进行积极有益的探索。

促进了领衔校学军小学与成员校转塘小学的共同成长。如今，这所城郊的百年老校与这所百年名校，在紧密型教育共同体的建设中携手共进，比肩起飞，不断奔向更美好的未来。学军小学2009年入围杭州市第二届"我心目中的杭州品牌"，2016年被评为首批全国学校体育工作示范校，2018年被评为全国国防教育示范学校，2019年被评为全国教育系统先进集体，2020年被授予全国文明校园荣誉称号。学军小学的名校品牌效应随着集团化办学不断放大，随着共同体辐射作用，越来越深入老百姓的心中。转塘小学2004年被评为国家级绿色学校，2014年被评为国家级国际跳棋特色学校，2016年被评为国家级校园足球特色学校、浙江省示范学校，2021年被评为杭州市棋类基地校、杭州市文明校园、杭州市科技特色学校，2022年被评为浙江省精准教学实验区实验学校，2023年被评为浙江省现代化学校。一所城郊的百年老校，随着紧密型教育共同体建设的进一步深入，不断激发了学校内在自主发展的动力，焕发出新的勃勃生机，让转塘教育品牌成为美丽转塘的文化支撑点、经济发展的文化软实力。

当然，在紧密型教育共同体建设发展过程中，集团有成功的经验，也有一些需要继续攻克的难题。例如，老教师理念的转变"难"、转塘地区家庭教育观念的转变"慢"等。教育是一个生态系统工程，需要一代又一代的西湖教育人为此持之以恒地智慧建设、共同提升。

之江潮涌：
集团化办学实践探索章程集约片区高质量发展

一、集团发展概述

随着城镇化不断推进与教育共富背景下区域教育高质量发展的需求，之江板块教育的崛起，已越来越引人注目。正当此时，杭州市之江实验中学教育集团开创了办学机制的新模式，为西湖教育更高质量的全域优质注入新力量。

追溯杭州市之江实验中学集团化办学历程，共三次演变，其特征如下：

杭州市之江实验中学创办于2018年8月，坐落于杭州市拥江发展的核心区域——之江新城，位于钱江之畔、宋城之邻。创办之初，学校定位为"高起点、高品位、个性化、国际化"的现代化民办学校。

2020年9月，杭州市之江第一中学开办，这所公办新校由民办名校杭州市之江实验中学托管。

2020年12月，杭州市上泗中学加入之江实验教育集团。同时，杭州市

新的杭州市之江实验中学教育集团成立。其中，
杭州市之江实验中学、杭州市之江第一中学、杭州市袁浦中学、
杭州市周浦中学这4所学校实施紧密型办学管理模式。　●　2022年11月

杭州市之江实验中学由国有民办学校改制为公办学校。　●　2022年9月

杭州市上泗中学加入杭州市之江实验教育集团，
开启了之江区域教育发展新征程。　●　2020年12月

杭州市之江第一中学开办，由杭州市
之江实验中学托管，初步形成杭州市之江实验教育集团。　●　2020年9月

杭州市之江实验中学创办，学校定位为
"高起点、高品位、个性化、国际化"的现代化民办学校。　●　2018年8月

杭州市之江实验中学教育集团化办学发展历程图

问道西湖：集团化办学谱写全域优质

之江第一中学加入浙江省杭州第二中学教育集团,杭州市之江实验中学与浙江省杭州第二中学联合成立"杭州市之江实验中学科技创新实验室"。科技教育联盟实现初高中衔接跨越,开启了之江区域教育发展新征程。

2022年9月,杭州市之江实验中学由国有民办学校改制为公办学校。

2022年11月,新的杭州市之江实验中学教育集团成立。其中,杭州市之江实验中学、杭州市之江第一中学、杭州市袁浦中学、杭州市周浦中学这4所学校实施紧密型办学管理模式。浙江省特级教师、正高级教师陈竹根担任理事长,各校校长担任副理事长,各校副校长担任理事。

2022年11月,袁浦中学、周浦中学加入之江实验中学教育集团揭牌仪式举行。

二、实践探索

之江区域地处城郊,城市化建设日益推进,但之江教育基础薄弱,特别是双浦地区,教育相对落后。如何破解学生在家门口就能享受到优质教育资源这一大难题呢?

（一）章程集约谋片区共优之略

1. 共同需求，呼吁片区教育发展

之江区域学校之间教育发展不平衡，而地处之江区域的民办名校——杭州市之江实验中学办学4年来以高质量教育水平赢得了社会广泛赞誉。在2022年学校民转公后，又如何发挥在之江片区的龙头作用并且带动整个之江片区更优发展呢？

为满足之江区域每一个学生在家门口享受优质教育的热切需求，提升之江片区初中学校办学质量，集团化合力办学成为之江教育发展的共同需求。集团要把之江地区基础教育工作的长板拉得更长、短板补得更齐，使之江板块的老百姓的生活有更多甜蜜的味道。

2. 共同目标，描绘片区教育愿景

"发挥之江实验中学教育集团化办学的优势，引领之江板块教育发展，提升老百姓对办学环境、办学质量的满意度和双浦初中办学影响力，推进之江片区高质量发展"，成为之江教育的共同愿景。

正如西湖区教育局党委书记、局长汪培新寄予的希望：

一要提高站位，把思想统一到教育局的决策上来，集团要发挥规模办学的效应，使所属学校优势互补，协同快速发展，促进双浦教育均衡优质。二要发挥优势，以之江实验中学为龙头的之江板块教育得到了充分的发展，并得到周围百姓的充分肯定，今后要充分发挥集团办学的优势，发挥名校、名校长的引领辐射作用。三要加强研究，加快融入，尽快形成一体化办学的新局面、新发展，不断优化完善集团组织管理、共建共享、自我创生等机制，实现优质教育资源的不断复制、激活、延展，为西湖教育更高质量的全域优质注入力量。

3. 章程统领，创新片区集约模式

集团理事会多次召开会议，集团内5所学校的副理事长就集团化管理、教师培训、考核评价等方面的矛盾点与痛点进行多次商议。在西湖区教育局的大力支持下，之江实验中学教育集团建立了集团化办学章程。集团以章程为核心统领，明确了集团化办学的宗旨、性质与任务，更加规范地实施集团化办学。

章程中明确了集团宗旨：整合教育资源，形成整体优势，增强综合活力，构建共同文化，统合发展战略，提升育人水平。充分发挥集团办学优势，发挥核心学校品牌效应、办学特色和教育资源优势，推动学校间教育资源的整合、互补、优化，实现资源共享与整体提升。通过优秀人才的引进，以及核心学校管理模式的输出、干部及教师交流与培训、教学教研活动交流，开展全方位、全领域互助合作，实现之江区域"全域优质均衡"总体办学目标。

集团内学校是一个整体，是理事会领导下的各校一体化管理，组织机制健全，紧紧围绕章程中"资源共享、团队共建、发展共融"的12字方针，落地实施，着实开展集团化办学工作。

（二）章程集约行师资共优之策

之江片区的袁浦中学、周浦中学的规模变化不大，教师平均年龄46岁，多年没有招聘新教师。如何突破中老年教师专业发展"高原期"、激活全体教师的内驱力呢？这就需要集团内依照章程一盘棋创新策略，建立互融、共培、共优的教师培养机制，促进集团内部优质均衡发展。

首先考虑到的是常态流动，在集团内辐射一流师资。集团做好了两件事：一是遵照章程约定，加大流动比例。集团内互派教师交流，交流比例约5%。例如，之江实验中学进入之江一中的教师均为骨干教师，获得区级及以上荣誉的占100%，中层及以上干部占50%。新的紧密型集团内成员学校之间，逐步按照章程形成相应比例的常态师资辐射。二是打通编制所属，进行流动聘任。集团内实行教师、中层干部的流动聘任。例如袁浦中学的社会教师，周浦中学的英语、数学、科学教师到之江实验中学，之江实验中学的中层干部到双浦任教九年级语文，之江实验中学的青年骨干教师到双浦任教科学。这样打破编制所属单位进行聘任，更益于优化师资均衡发展。

然后需要做的是教研联动，共建教研队伍。集团内统筹主题教研与课改实践活动，领会新时代教育所赋予的责任与担当，全体教师将"上好每一节学生喜欢的课"作为使命，深入学习研究教育改革的新趋势、新问题，集思广益，提高教研质量。集团主要采用了3种联动形式：一种是融合式互研。集团内教研同步融合，定期进行主题研修，在集体备课、校本作业编制、聚焦课堂、展课研讨、质量分析等方面同步开展活动，互鉴互助，发展共融，最大限度地促进学教方式变革，教师由"课堂教学"变为"设计学习"，学生在"做中学、用中学、创中学"，让学习在课堂真实、深刻、完整地发生。另一种是帮教式辐射。集团内建立名师导航、骨干领航、青年起航三级梯队，建立校级名师工作站，激励教师从"追求名师"走向"成为名师"，跨越提升。集团内注重帮扶教研，建立以之江实验中学教研组长、备课组长为主力的教研领雁团，活动辐射到集团内的所有学校，定期开展听课、磨课等帮教活动。还有一种是专题式共享。集团内各学校做好规划，任务前置，进行跨校专题教研训活动。集团内学校统一教学进度，进行阶段性的共同组卷、磨卷活动。集团内共享教学资源，共析教育教学状况，提出改进策略；共研专题培训，共展"智辩论坛"，分享教育智慧，探讨教学疑惑，审辩融通，形成智思。

内部发力的是引领驱动，打造集团名片。首先采用名师领衔，促进教研提质。目前，集团内有陈竹根、张英飞两大省特级教师工作室，有吴晴晴、郑亚林、翟海燕、江绪先、卢红泽、宋江伟六大区级项目制首席教师工作室，学科覆盖面广。学校多次邀请省、市、区教研员和外地市专家来校指导，协办省、市、区各级专题活动，扩大视野，搭建更大的成长舞台。例如，语文组"之江黄金眼"项目化实践成果在省级教研活动中展示，获得好评。多名工作室成员前往省内各地开优质课，传播新理念，展示之江教师风采。集团还开展骨干送教活动，加大教研辐射。集团内围绕浸润式德育课程体系的育人活动、有效课堂建构、项目学习、校本作业命制、学科特色活动等内容开展骨干送教活动。集团教育教学的研讨向内丰盈生长，向外求索延展，更大限度地实现"教研共同体"的价值，做出校际教研合作的样本。

外部促进的是外援推动，扩大集团张力。2022年，杭州市之江实验中学与杭州外国语学校成立"教研共同体"，实现优势互补、资源共享，共谋队伍发展。两校愿景协同、机制协同、研训协同、教学协同、评价协同，联合开展课堂教学研讨、课程开发、学科评价、教师培训等研训活动，集团内所有学校同步参加。创新研训模式，互惠共赢，扩大集团教育张力。

杭州市之江实验中学设立了浙江外国语学院博士站点。这对集团内学校的课程建设和教师专业发展起到更多的支持与指导作用，搭建起高校师范生学院教育与中学实践教育的桥梁，也拓展了集团研训资源，进一步推动教师教科研能力走向精深发展。

之江实验中学集团化办学也吸引了全国多批教育团队前来参观调研，感受新课标下新课堂的魅力，感受集团化办学新理念的变革。交流研讨，教育共富，既对外展示了之江实验教育集团金名片，又促进校际交流，为"办好人民满意的教育"谋划新思路。

2020年12月，之江实验中学和之江第一中学新校舍启用仪式举行。

（三）章程集约集资源共用之智

之江片区的上泗中学、袁浦中学、周浦中学这3所城郊学校均存在办学条件不足的困扰，教学场地有限，学生人数爆表，目前双浦新校还在筹建中。如何破解集团内学校教学资源不足的实际困难呢？在西湖区教育局的统筹规划下，这3所学校的部分年级集中到规模可容纳80个教学班的杭州市之江第一中学学习。集团内学校九年级学生实施集成管理，这样既解决了这3所学校因生源扩容带来的实际困难，也加速了集团一体化办学步伐，融合办学资源，共同促进片区毕业班的教育教学质量的提升。

作为龙头学校，投入近5亿元的杭州市之江实验中学除了具备高标准的现代化教学设施、浸润着文化意蕴的校园环境外，还依托浙江省杭州第二中学作为全国科技特色学校的优势，创建了一流的科技实验室，开发了信奥课程。学校的大操场、多功能体育馆、科技实验场馆等资源充分开放，集团内的学校均可享受到 VEX 机器人实验室、DOBOT 机械臂、"创客未来"人工智能实验室、"速度与激情"模型竞技社等多个科技创新场馆的优质资源。

同时，集团内学校共同建设拓展性课程资源。这些举措优化了集团育人环境与师资建设，推动了集团内学校的教育现代化的发展进程。

（四）章程集约成管理共融之功

集团内成员学校办学历史不同，各有各的办学理念、办学模式、育人方略、师生评价和考核奖励等制度。如何实施统筹安排、管理共融呢？杭州市之江实验中学集团化办学实施以约治校,三破三立,统筹管理。

1. 破零散模式,立集约样式

（1）共融式同步管理

之江实验中学与之江第一中学两校施行统一管理,同步进行"队伍建设、课程建设、文化建设、设施建设"等系列管理。

（2）加盟式链接管理

之江实验中学、之江第一中学与上泗中学施行加盟式链接管理。定期召开联动会,主要在教育教学、教科研方面联合研讨。

（3）交融式紧密管理

之江实验中学、之江第一中学与袁浦中学、周浦中学建立紧密型教育集团,以章程集约为保障,这是集团化办学的创新样态。打造之江初中教育新高地,使之江教育集团化办学模式成为全力打造共同富裕城乡教育高质量优质均衡发展的西湖教育新样态。

2. 破理念不一,立育人机制

以文化人,集团内学校要有共识的理念。杭州市之江实验中学作为龙头学校,它的办学理念、校训、教风、学风、文化独具特色。

理念:"让孩子的未来成为可能"

每个孩子都有"梦想",让"梦想成真"是育人者的责任与使命。孩子的未来是什么? 是祖国的建设者与接班人,是民族复兴的生力军。

校训："知行合一，止于至善"

校训集中体现学校的办学思想。在品德领域要做到"言行一致"，在学习领域要做到"学用结合"，体现"严谨治学、不断创新、追求完美"的办学境界。

教风："学为人师，教人求真"

"学高为师，身正为范"是教师之魂。"教人求真"是教师育人情感、工作态度及价值观的体现。"求真"就是要培育学生成为知书达理、堂堂正正、有情有义、有责任感的人，"求真"还体现在对科学精神与真理的坚守。

学风："勤思乐学，学做真人"

"勤思乐学"既是学习态度、方法与过程，更是学习品质。学生使自己最终成为"有教育有教养、有知识有能力、有个性有灵性"的有用之人，成为讲诚信有爱心、有责任敢担当、有家国情怀与民族气节的堂堂正正的一代新人。

在此基础上，集团内各学校文化都做了系统规划，重点突出做实做强"立德树人，教人求真"的育人文化。把培养"讲诚信、有责任、敢担当"，励志"报答父母、回报社会、报效祖国"的一代新人作为己任。重点突出做精做深"基础扎实，差异发展"的课程文化。尊重个性全面发展，学生根据特长与兴趣爱好，选择科技与人文、技术与创新、体育与艺术、实践与探究、国际视野培育等领域多元化拓展课程，凸显"英语"与"科技"重点课程，重点创建足球、田径、棋类等特色项目。重点突出做美做大"干在实处，勇立潮头"的之江文化。围绕校名"之江"这一独特的文化底蕴建构学校文化。"之江"是浙江简称，钱塘江是浙江母亲河，钱江潮汹涌澎湃，钱江人艰苦创业，具有开拓创新的精神。学校深挖"之江"意涵,在校园建设、文化设计方面,最大限度地体现"之江"文化。校园内习近平总书记《之江新语》的育人语录、古今之江名人名言镌刻于墙柱,润物无声,激发着每个之江学子心中的之江情怀,向着宏伟目标砥砺前行。

3. 破标准各异,立统一考核

结合集团各校实情与考核方案,在广泛征求教师意见与建议的基础上,多次修改,制定了集团管理的5项制度,包括工作量考核、等第考核、岗位考核、年度聘任考核、教科研奖励。考核制度汇聚众人智慧,具有标准的一致性,教师认同接受,以统一的考核制度促进智慧管理,提高绩效。统一考核制度为教师提供明确的目标导向,并且将"践行职业操守,培育职业情感"作为师德师风建设的重要内容,激励教师注重专业发展,创新教学方式,提升课程执行力,用自己的教育教学能力去赢得学生的尊重与爱戴,获得职业成就感,共同推进集团的整体内涵发展。

三、成效与思考

虽然杭州市之江实验中学集团化办学历时不长,但成效还是较为明显的。

(一)教师集团归属感得以认同

之江实验中学教育集团理事长陈竹根亲自带队,对袁浦中学、周浦中学两所学校教师进行了落地调研,了解教师的愿景、发展需求、能力现状,凝聚了团队发展愿景,催发了教师专业发展的强大动力。集团分层分类指导各年龄段教师制订个人发展规划。教师在集团内流动,不管在哪所学校任教,都有归属感、认同感、成就感、荣誉感。

集团非常重视合力培养,立足新课标,围绕大概念、大单元、项目学习、学习任务群、五育并举等主题,整合了各校培训资源,开展了卓有成效的主题活动。围绕集团研究专题与课题,定期向教师推荐经典论著,举办多场论坛,提高了教师综合素养,集团教科研获奖比例在区域有大幅度提升。为扩大教师的引领力,集团内开展"打造教师形象"活动,让教师成为"学为人师、教人求真"的模范,成为"教学一流、管理一流"的示范,成为"敢为人先、勇立潮头"的典范。

（二）集团管理科学有序有新章

集团内学校建立了统一的管理机制,有效融合管理力量,优化整合制度建设,集团内学校管理考核同步进行。按照《杭州市之江实验中学教育集团章程》,结合各校实情,制定了集团管理的5项制度,优化了各类考核、奖励、管理与聘任制度,打造了精干、合作、创新的高绩效管理团队,锤炼了教师合作共赢的工作作风,突出团队考核兼顾个人绩效,引导教师增强合作共赢意识。

集团内建立了跨校区选聘机制,实行"集团校长聘任中层干部和教师,德育中层聘任年级组长,年级组长选聘任课教师"的三级双向选聘制。中层干部竞聘上岗,各校区与教师双向签订选聘协议书,明确了双方权责,激发了教育管理团队的积极性,提升了班级团队的责任意识和团结合作意识。

集团内各校区间教师进行有序、常态流动，保证了各校区师资配备均衡，优化了团队年龄结构，每个学科均有学科带头人领衔把舵，从而构建了以"特级教师、首席教师、学科带头人、骨干教师"为核心的优质团队，提升了集团内师资力量，学科质量大幅度提升，集团化办学成效明显。

（三）集团各校生源生态有改善

集团内学校达成共识，做好中小学衔接工作。充分利用杭州市教育局关于公民同招、民转公等基础教育政策，积极主动地做好双浦地区中小学衔接教育，宣讲小升初招生政策，并完成了集团内九年级集中管理教育工作，赢得了双浦地区老百姓的充分认可，让老百姓对家门口学校更有信心。之江实验中学教育集团充分发挥龙头学校的优质教育品牌效应，创新集团化办学机制，吸引并稳定了双浦地区优质生源，为改善袁浦中学、周浦中学的教育生态提供了坚实的保证。

之江实验中学集团化办学也催发了一些新思考。

一是信息管理待优化。集团虽已建立了领导机构、教研组长、备课组长的钉钉办公联系群，但仍需要分职能部门进行信息化快通道的立体管理，建立信息管理系统架构，优化策略，深度合作。

二是教学评价待细化。集团在教学资源共享、研讨方面不断推进，但如何细化教学过程管理与评价体系，仍需要在教学内容选择、教学过程管理、教学监测分析、教学多维评价等方面深入研讨，确立定性与定量指标，统一标准，多元评价。

潮涌之江，奋楫笃行；乘风破浪，踏浪而歌！

聚是一团火，散是满天星："6＋N"翠苑联盟集群式发展

一、联盟发展概述

在杭州西湖教育沃土上生长着这样一个联盟，盟校因地域相近而携手，因共同愿景而抱团……该联盟最初为自发的"民间"组织，秉承"聚是一团火，散是满天星"的理念，彼此互通有无、优势互补，为全面育人搭建优质平台。历经22年磨砺与蜕变，在区域集团化办学背景下以联盟之力共同创造出独具翠苑片区特质的集群式教研发展路径，并逐步成长为紧密型合作共同体。联盟的打造，不仅提升了各校综合实力，也促进了区域教育整体优质发展。

"6＋N"翠苑联盟是由杭州市翠苑第一小学、杭州市翠苑第二小学、浙江省教育厅教研室附属小学、杭州市育才教育集团、杭州市九莲小学和杭州市钱塘外语学校6所学校结成的发展联盟。"6"是指六校协同一心，在互助共生中践行西湖教育人的使命担当；"N"是指形式多元、成效多样、辐射

"6＋N"翠苑联盟（优化集群式发展样态）　　　● **创新阶段（2019年至今）**
2019年,杭州市钱塘外语学校加盟;
2022年,联盟更名为"6＋N"翠苑联盟。

翠苑联盟（夯实集群式发展系统）　　　● **成熟阶段（2013—2018年）**
确定翠苑联盟的集群式教研识别系统。

五校联片（探索集群式发展策略）　　　● **发展阶段（2003—2012年）**
原杭州市育才实验学校和杭州市九莲小学
先后加入,联盟学校由3所变成5所。

三校联片（萌发集群式发展雏形）　　　● **初创阶段（2000—2002年）**
杭州市翠苑第一小学、杭州市翠苑第二小学、
杭州市翠苑第三小学正式开展一年一度的联片教研。

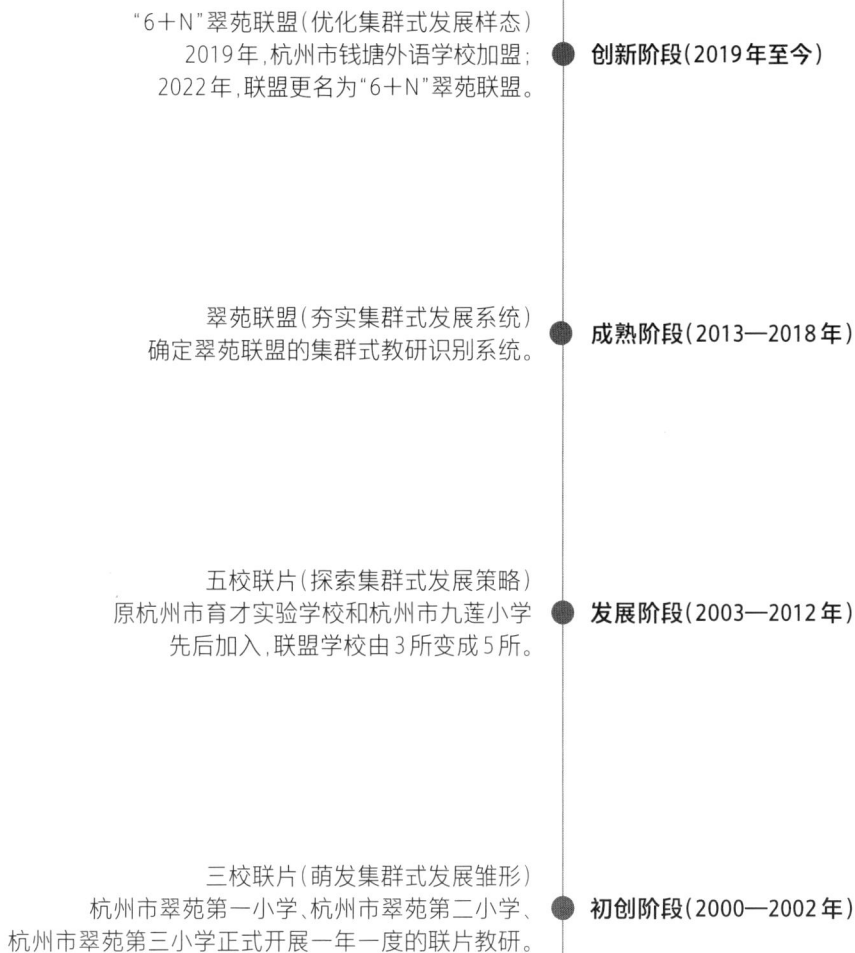

"6＋N"翠苑联盟办学发展历程图

多维，每年开展 N 多联盟活动探索教育热点问题，助力 N 多一线教师迅速成长，促进 N 多学生快乐健康发展，为实现区域教育更高质量发展输送了 N 种可能性与 N 个期望值。

二、发展创新

（一）携手20余载：抱团成长，独树一帜

1986年，翠苑地区从古荡乡划出成立翠苑街道，是杭州城市化进程加快的一个缩影。20世纪90年代初，翠苑地区的居住人口大幅增加，为解决居民子女就近入学的问题，西湖区教育局在这里先后创办了小区的配套学校：杭州市翠苑第一小学、杭州市翠苑第二小学、浙江省教育厅教研室附属小学（原杭州市翠苑第三小学）、杭州市九莲小学和杭州市育才教育集团（原杭州市育才实验学校）、杭州市钱塘外语学校（原国有民办性质，现已转为公办）。新校的创建是西湖教育立于杭州城市化建设浪潮之下向古荡、翠苑地区延展的产物，更蕴含着逐步实现区域教育优质均衡发展的时代价值。

1. 初创阶段（2000—2002年）：萌发教师集群式发展的雏形

新校创建之初，翠苑板块的几所小学呈现"规模小、教师缺"的典型弱势样态。经过10余年发展，虽一定程度上扩建了规模，但仍处于教师基数小的发展桎梏，师资分散到各学科则更显势单力薄，从长远看阻滞了教师的专业成长。

（1）缘于"三校"会谈，催生了集群教研的萌芽

2000年，时任翠苑一小校长王淑彩、翠苑二小校长石卫东和翠苑三小校长李纲共同探讨3所小规模学校的发展问题。一方面，他们一致认同"三人行必有我师"的理念，认为现代学校组织的发展趋势是从他校汲取优点为我所用，从竞争走向合作。另一方面，3所学校发展困境高度相似，亟须探索出一种普惠化、现代化的长效合作模式。基于此，他们首次提出了"三校联片"的概念，意图组建发展联盟，开展集群式教研，促进教师在合作中联动成长。

（2）立足"三个"优势，打造了集群教研的平台

3所学校组建联盟具有天然优势。第一，"新"——3所学校都处于发展的起步阶段，具有成长为区优质学校的共同愿景。第二，"小"——3所学校规模都不大，学科力量弱，校际抱团更容易形成紧密的联盟。第三，"近"——3所学校都在翠苑，从一所学校到另一所学校步行至多10分钟，便于教师交流互通。基于这些优势条件，经由3位校长初步探讨，各校意见征集，最终达成共识，正式确定组建翠苑联盟，践行集群式教研行动，集团化办学初见雏形。

（3）持续"三届"盛会，奠定了集群教研的基础

2001年，历时近一年的谋划，"翠苑三校第一届教学研讨会"在翠苑三小拉开帷幕，这是教师成长的全新教研平台。联盟利用周末开展为期一天的集群教研：各学科分设会场，每校派一名教师进行教学展示，课后进行圆桌研讨。此举进一步激活和完善了学校教学管理机制，整合优化了翠苑板块的教育资源，增强了学校教研实效，为提高办学效益和教育质量、推进区

域义务教育均衡发展奠定了坚实的基础。

在往后的20多年中，集群教研围绕共同愿景、共同情感和共同行动等核心要素延续与传承，成为翠苑片区小学教师发展的"生命线"与"风景线"。

2. 发展阶段（2003—2012年）：探索教师集群式发展的策略

翠苑联盟走过了3个春秋，教师在新平台中不懈付出与汲取，感受到团队力量和集体智慧。但在周边西溪板块、文新板块等各小学的"映衬"下，翠苑板块就像西湖教育的一片"洼地"，老百姓的认同度也不高。如何提高教学质量，让学校走上发展的"快车道"？聚焦集群式教研，以教师成长为根本，推动学校发展是最佳路径。

（1）盟校不断扩张，为教师提供更大的舞台

翠苑联盟引起了周边学校的广泛关注。2003年和2006年，原育才实验学校与九莲小学先后表达了加入联盟的意愿，原联盟秉持着开放包容心态，表示热烈欢迎。联盟学校由3所增加为5所，联盟活动也逐步走向专业化、制度化。每届活动由各校推出两堂研究课进行"同课异构"交流，各校推荐3篇优秀论文编成文集进行交流，助力教师教学与科研共成长。至此，翠苑地区的5所小学以集群式教研为纽带，紧密地联系在一起。

（2）名师实践辐射，为教师指明成长的方向

扩大名师辐射圈是翠苑联盟优质师资共享的关键举措。例如，育才实验学校体育组在省、市有较高知名度，领衔人郭立勇老师不仅自身细心钻研，还将优质资源与盟校共享，带动翠苑体育教师一起成长。再如，省教研

室附小毛辉老师秉持"没有科研，教育就没有生命力"的理念，带领联盟教师开展高效课堂的相关研究，让大家教学和科研双受益。在名师引领下，各校都组建起骨干团队，带领着盟校教师发展，使教师成长彰显梯度化、层次化特征。

（3）专家学术引领，为教师带来了思想理念的提升

当时教育改革已经兴起，教育领域的前沿理论动态引起诸多教师关注。为保证活动更具专业性和引领性，联盟将一线教师的课堂展示与教育专家的学术引领有机融合，多次邀请专家和省、市、区教研员围绕教研主题做引领。此举帮助教师拓宽教育视野，更新教育理念，启迪研究方向，升华教育精神，更加坚定了投身集团化办学的决心。

10年磨砺证明，翠苑联盟集群式教研是全体教师思想引领的需要，是青年教师专业成长的需要，是区域强强联合的协作需要，是学校教育改革创新的需要。正是这些内在需要，让联盟有了持续的生命力。

2007年10月，翠苑教育联盟在育才教育集团开展课堂展示活动。

3. 成熟阶段（2013—2018年）：夯实教师集群式发展的系统

2013年起，集群式教研步入高速发展阶段，而联盟并不满足于速度之快，愈加重视质量之优。5位校长经商讨一致认为，教研要有深度、有高度、有特色，让盟校都成长为老百姓家门口的新优质学校。应联盟发展之需，承时代革新之机，翠苑联盟又开启了集团化办学新篇章。

（1）组织系统完善，蝴蝶效应带来教研的深度发展

回顾以往的活动组织：一是教研集中于周末，须占用学生休息时间；二是受场地限制，专家引领只能部分教师参加。2013年，东道主校翠苑一小将为期一天的周末学术日调整为贯穿一周的工作日学术周。时间调整带来了组织形式和内容的全面迭代：活动安排在学科教研时间，确保每位教师都能参与；探索"教师课堂实践、专家课后指导"的形式，理论引领与实践操作有效融合；闭幕式上增加学术研讨环节，各校围绕主题结合校本特色发表见解，寻求共鸣。组织系统的完善，促使联盟整体优质成长。

（2）合作系统深化，协同效应促成教研的高度融合

2016年，5位校长聚首进行"头脑风暴"：联盟接下来该怎么走？大家很快达成了共识，即继续加强教研融合，通过线上交流、线下面对面研讨、走校式教研指导等方式，针对性突破学科专职教师资源稀缺、内涵发展的集群式课程建设等问题，促进跨校多元化教研活动。例如，翠苑一小的无线电测向、翠苑二小的青年联盟、省教研室附小的墨香课程、九莲小学的漫学园文化、育才教育集团的体育特色等，相互借鉴，强项互补。

（3）特色系统打造，品牌效应形成教研的识别标志

2018年，经过共同商讨，确定了翠苑联盟的教研识别系统，包括理念识别系统，即专业引领、转变思维、开放互动、协作共享、提升质量和创意教育；视觉识别系统，设计代表5所学校的联盟标志与盟旗，打造正式的"盟旗交接"仪式；行为识别系统，即课堂展示、微观点、专家点评、观点论坛和专家讲座。这标志着翠苑联盟已处于成熟阶段，集群式教研的特色已经形成。

5年间，集群式教研充分融合了联盟学校优势，凝聚了群体智慧，提高了教学质量，打造了翠苑板块的专属品牌，奠基了集团化办学新征程的高起点。

4. 创新阶段（2019年至今）：优化教师集群式发展的样态

翠苑五校成长为"家门口的新优质学校"，家长满意度和社会认可度大幅提升。但它们没有停下脚步，翠苑联盟的集团化办学又走上了创新发展之路。

（1）"5＋1"传承与纳新并行，创出联盟合作新样态

2019年，杭州市钱塘外语学校加盟，翠苑联盟改名为"5＋1"联盟，数字"5"代表了联盟内原有的5所学校，表示盟校十多年合作的历史感，是一种接续和传承；数字"1"代表新加入的学校，体现联盟兼容并包的开放姿态，也表达了对后续可能加入学校的接纳态度。第19届翠苑联盟活动时，西湖区教育局正式认定成立翠苑"5＋1教师发展联盟"。官方的认可与肯定，是翠苑联盟立足创新发展理念后显著成效的体现。

2019年10月，翠苑"5＋1"教师发展联盟第20届主题研讨活动举行。

（2）"导师团"优质师资共享，创出教研辐射新样态

联盟六校中有单体校，也有一校两区，总体规模不大，个别学科缺乏名优教师引领，制约了青年教师发展。为解决这一问题，2020年联盟立足"名优教师、共享共建"的思想，联合聘请6所学校的名师成立"学科导师团"。通过课堂教学指导、命题方向把关、教师梯队培养等，强有力地保障了翠苑板块青年教师在高起点上成长，实现名优教师资源的辐射、渗透、共享。

（3）"6＋N"更大平台打造，创出教师发展新样态

在推进教育共富进程中，翠苑板块的学校与省内千岛湖、建德等，省外新疆、青海、四川、贵州等地学校结对，带动多地教育均衡优质发展。为探寻更为广阔的发展前景，2022年"5＋1"翠苑联盟正式更名为"6＋N"翠苑联盟，让联盟六校带动N多学校发展，助力N多教师和N多学生成长，为

实现区域教育更高质量发展输送N种可能性与N个期望值。

22年来，翠苑联盟用坚持与创新谱写了翠苑板块中小规模学校发展的新篇章，形成了翠苑地区浓厚的教研氛围，发展为西湖区集团化办学的特有样态。

（二）建立联盟机制：保障运行，协作有序

翠苑联盟的运行机制，包括承办轮值、活动协商、主题引领、梯队培养、教研卷入和师资流动等各因素的组合，通过各要素的相互协调推动联盟结构性建设不断完善。明晰的管理机制，有效促进了联盟内在力量的融合。

1. 盟主轮值制——强化学校主体意识

一年一届的联盟活动需要有学校牵头组织并实施，保障集群式教研顺利推进。而学校联盟运行中，各盟方的地位、意愿等都会影响联盟活动的持续性。因此，翠苑联盟创立初期就确定了盟主轮值制，即每届联盟活动的承办学校按顺序轮流，新加盟学校亦如是。该机制能增强各盟校的主人翁意识，并更好地展现、辐射不同学校的优势。当然，盟主轮值制是有温度的，当一所学校因特殊原因不能承办本届活动时，可通过协商由其他学校先承办或者适当推迟活动时间。

2. 校长协商制——共享核心领导智慧

在一所学校中，校长负责制是主导机制。在翠苑联盟中，盟校校长协商制是主导机制。每届联盟活动开始前，校长们召开协商会议，由承办学

校提出本次联盟活动的研究主题、组织形式与实施方案等，几位校长再一起商讨。联盟活动结束后，校长们又会对本次活动进行复盘反思，并对下一年度工作计划、活动方案和联盟重大事项进行讨论协商。协商中校长智慧得以共享，校长领导力得到提升。

3. 主题引导制——紧跟教育改革方向

每届集群式教研都围绕一个主题展开。主题来源：一种是自下而上，依据盟校教师的教学实践，从日常困惑中整理、归纳、提炼和筛选出具有典型意义和普遍意义的问题；另一种是自上而下，依据教育的发展规律和方向，与时俱进确定主题。主题既要根据校情、生情来选择，也要融合课改、课标等教育理念，还要把握教学热点、难点等有的放矢，引领联盟教师共同研究、寻求突破。

4. 教师晋级制——助推队伍梯度建设

为促进教师不断成长，联盟以点、线、面层层递进的方式建立种子教师、骨干教师和学科导师的梯度晋级机制。各盟校分别发掘和培育自己学校的种子教师；联盟提供舞台和支撑，帮助种子教师发展为骨干教师；盟校校长推荐并由联盟认定6所学校的名师作为联盟"学科导师"。晋级机制激发了教师持续发展的动力，普通教师在集群式教研中可以成长为联盟导师，联盟导师又会在活动中反哺于普通教师成长，推动师资队伍优质均衡发展。

5. 全员卷入制——绽放群体研学活力

教研中教师通过多方协同合作，在引领、交流、研讨、反思等方面形成保障机制，可达到"1＋1＋1＞3"的效果。因此，历届活动中不断扩大教师的参与面，最终由省教研室附小提出并发展了全员卷入制。该机制体现在三个维度：一是责任包干式卷入，教研组长为具体负责人，中层干部及领导为主要引领者和质量监控者；二是任务驱动式卷入，学科组一位教师领联盟教研任务，其他成员全程帮助反复磨课或磨观点汇报，直至确定展示方案；三是实时跟进式卷入，利用日常巡课和校本教研时间，引领人关注教研组教师的参与度和筹备进展，对薄弱者给予更多指导，对不重视者提出改进措施。总之，全部教师以不同的角色和任务参与到活动中。

6. 师资互通制——共享优质教育师资

教师流动是促进教师成长、加快教育均衡发展的重要途径。翠苑联盟不仅向新疆、四川等省外教育不发达地区派出骨干教师开展帮扶，还促成教师在盟校内部交流。例如：翠苑一小杨艺璇等10余名教师到文溪小学开展为期一个月的短期支教；翠苑二小倪萍、九莲小学戴伊等4名教师互换开展为期一年的教学交流；省教研室附小楼冠群等教师到文溪小学开展为期3年的长期支教……师资交流实现了教学理念与育人手段的融通，教师在互相学习中提升教育教学水平。

在校级领导的顶层架构下，在各种机制的有效保障中，翠苑联盟集群式教研得以运行22年并持续发展，呈现出更加紧密、更加积极的发展态势。

三、实践探索

"翠苑表达"崛起：联盟共赢，集群发展。翠苑联盟从创建至今已经走过了22个年头，在一届届的活动中，发生了太多故事。这些故事无不体现了合作、成长与发展，彰显着集群式教研的发展成效。

在翠苑联盟"尊重个性、资源共享、多元联动、聚力赋能"16字发展纲要引领下，通过根植于课堂的"一年一主题"的教学研讨联盟活动，实现理念共融、教育共研、名师共享、学校共赢的目的，形成了独具特色的西湖教育联盟品牌——"翠苑表达"。它既有共性追求的价值表达，亦有个性彰显的学校表达。它是植根于翠苑文教区对教育的一种内涵表达，是联盟校各美其美、群体优质发展的美好体现。大家努力为提升办学品质、更高质量发展、师生全面成长不懈奋斗，也为努力创建校本品牌、形成校本特色而不懈追求。

（一）以点带面，讲好深度合作故事

22年来，尽管校长有更替，但每年的联盟教研从未中断。联盟学校通过联合备课、教研组专题学习等活动实现资源共享、互助合作和共同发展。在一所学校里，一名教师上展示课，背后是整个教研组的支撑，教研组在一次次活动中得到锤炼；在6所学校中，一名教师的展示课由同学科的全体联盟教师评议，帮助其打开思路，优化设计。教师在竞争与合作中成长，校内团队在研课磨课中拧成一股绳，联盟团队在评课议课中聚成一团火，促成了教师、学校的深度合作。

（二）搭建平台，讲好教师成长故事

随着联盟学校办学规模不断扩大，集群式教研的队伍也不断壮大，不管台前幕后都全情投入。据不完全统计，6校约有260名教师曾在联盟舞台上上过公开课370余节（次），约180名教师在联盟活动中做过270余次观点交流。参与展示的教师约占总教师数的76%，而活动覆盖面是100%。在一次次课堂展示、教学研讨、观点交流中，教师全面成长，联盟共有区教坛新秀150余名、市教坛新秀40余名、一层次学科带头人4名、二层次学科带头人33名、区名师工作室10个。翠苑联盟见证了教师成长的足迹，承载了助推教师发展的使命。

（三）协同发展，讲好优质均衡发展故事

联盟学校在成长历程中，分别发展出各自的特色，各美其美。翠苑一小的"红＋五彩"少先队活动体系，翠苑二小的青年联盟培养机制，省教研室附小的翰墨书香系列课程，九莲小学的小组合作学习模式，育才教育集团的精准教学研究，钱塘外语学校的项目化实践等。盟校通过集群式教研活动，将特色与其他学校分享，促进了共同发展，充分体现了"聚是一团火，散是满天星"的理念，实现了每所学校都发展为"家门口的新优质学校"这一共同目标，为西湖教育优质均衡发展做出贡献。

更可喜的是，2022年翠苑联盟内部"亲上加亲"，翠苑二小和省教研室附小携手成立教育集团，探索一种"老校＋老校"的集团化办学新模式。相信在西湖区教育局的引领下，翠苑联盟又会谱写出别样的精彩篇章。

四、展望未来

回首翠苑联盟发展的22年,吴吉春、钱志清、马冬娟、汪培新等历任西湖区教育局领导都给予了充分的关注、大力的支持与高度的认可。在名校林立的西湖区,翠苑联盟通过共享优势资源,创造了一种全新的教研模式,提升了学校的综合实力,并带动了区内一批教育联盟如雨后春笋般出现。未来,翠苑联盟在扎实开展教学研究的同时,将逐步推进基于区域学校共性发展的深度融合行动,包括管理机制、教育评价等多方面创新融合,让文化共建、特色共荣、资源共享的发展模式继续推进,打造区域优质教育,实现优质教育增量发展。

翠苑联盟活动的接力棒在传递着,教师们将坚守西湖教育人的初心,秉持对美好教育的追求,全力以赴为建设"全面优质西湖教育"而奋斗。相信翠苑联盟的明天会更加美好。

从1到N:
西湖校外教育集团化办学机制创新的新样态

一、集团发展概述

1985年,西湖区首个公办校外教育组织——西湖区青少年宫成立。单体办学30余载,青少年宫几经搬迁,在城区(灵隐街道、古荡街道)和城郊(三墩板块)都播下优质校外教育的火种。随着时代的发展,人民群众日益增长的对美好校外教育的需求和校外教育资源不平衡、不充分的矛盾日益显现,一定程度上阻滞西湖教育全域优质均衡发展之路。为了让老百姓在家门口都能享受优质的校外教育,2018年,之江宫、西溪宫投入使用,2021年,西湖区中小学创新实践中心正式运营。自开启集团化办学以来,教育观念转变、治理结构变革、活动品牌重塑等系列问题接踵而至,西湖区青少年宫紧紧围绕"1"(一个青少年宫、一个团队、一个品牌、一个集团),实现校外培训课程研发、教育主题活动品牌打造、校外教育集团化运营的N种可能性,吸引更多青少年参加健康有益、积极向上的校外教育活动,助力西湖教育全域优质发展。

2021年10月 ● 西湖区中小学创新实践中心成立。

2018年12月 ● 西湖区青少年宫之江分宫成立。

2018年9月 ● 西湖区青少年宫西溪分宫成立。

2015年10月 ● 西湖区青少年宫三墩分宫成立。

1985年12月 ● 西湖区青少年宫成立。

杭州市西湖区青少年宫办学发展历程图

二、实践探索

（一）一个青少年宫满足不同需求

青少年宫单体运营30余载，校外课程最大服务量为一年5000余人次，受交通、师资、文化等方面影响，校外优质教育的辐射区域仅为一个乡镇（或街道），特别是乡村等欠发达地区的学生更难以接受校外教育服务。例如，2015年，青少年宫搬迁至三墩，其丰富的课程、优质的服务受到当地老百姓的盛赞。青少年节假日参加青少年宫课程学习成为时尚。但其他镇街的老百姓却只能望"宫"兴叹，无法享受优质的校外教育资源。2021年，三宫同步运营，让更多的老百姓享受"同城等遇、公益普惠"的校外教育资源，实现了城镇、城郊、乡村各区域老百姓家门口都有青少年宫的愿望。同时，集团化办学中，师资力量更强大，各宫积极开发空中青少年宫活动，全区少年都可乐享假日云上学习，让学生通过网络在家里也能参与学习。实践中心通过智慧云平台推出系列"云上劳动课程"，学生可以通过争章、兑换积分等形式开展自主体验活动。

校外教育和全日制学校最大的区别在于它能满足现代人对个性化教育的需求。集团化办学模式下，各成员宫根据实际情况推出特色化课程，给了学生更多的选择。学生既可以在家门口的青少年宫选择课程，也可以在西湖区多个青少年宫中自主选择最适合的课程。在集团统一管理下，各宫打破壁垒，允许学生无差别报名，实现了区域优质校外教育资源的"个性化订制"。例如，之江宫的初中生街舞团成为全区中学生街舞爱好者的聚集地，西溪宫创意美术课满足美术爱好者的进阶需求，三墩宫的文学素养提升课程则给广大文学爱好者提供交流平台。

（二）一个品牌影响十万学子成长

21世纪初，青少年宫提出要通过丰富育人活动培养"思想棒、学习棒、身体棒、行为棒、劳动棒"的棒伢儿（杭州话的"伢儿"就是指少年儿童）。"西湖棒伢儿"校外教育主题活动品牌雏形初显。青少年宫进入集团化办学阶段，各成员宫（实践中心）统筹协调，以区域主题活动策划组织评价为主线，宫校联动，深化"棒伢儿"品牌建设，让西湖十万学子实现活动参与的零门槛。"棒伢儿"品牌被评为杭州市区域推进德育工作十大名片之一，成为西湖校外教育的标志和形象。

1. "棒伢儿"品牌影响力从城市延伸到农村

青少年宫在单体运营阶段，部分农村学校因地理位置偏远、师资水平弱等原因，产生"重视校内教育、忽视校外活动"心理，存在区域活动主题不明显、品牌意识不强、参与学生不多等现象。集团化办学后，农（乡）村学校可以就近选择青少年宫参加区域主题活动，提升"棒伢儿"品牌活动参与度。在"棒伢儿迎亚运"活动中，转塘、双浦片的学生参加之江宫组织的绘画活动，蒋村、古荡片的学生参加西溪宫举办的"我为亚运献首歌"活动。

2. "棒伢儿"品牌参与者从"精英"拓展到普惠

随着青少年宫集团化办学规模的不断扩大，教师团队数量质量齐增，活动策划组织更加合理、科学，吸引了广大学生踊跃参与。例如：科技观察活动"我与植物共成长"中,三宫以年龄段为线分工落实,全区十万名学生参与;合唱活动开展"班班有歌声"项目,全区数千个班级参与,普及率在90%以上;在集团统筹下,三宫体育项目组通力合作策划"西湖校园足球赛",实现班级足球联赛到校园足球联赛的校园足球全覆盖。"棒伢儿"主题活动告别了只有"精英"参加的时代,实现活动参与面的最大化。

3. "棒伢儿"品牌场域从课堂渗透到社会

博物馆、科技馆、图书馆、农业研究所、大专院校等机构不仅有丰富的场地资源,也有专业人才资源。青少年宫将活动搬到社会,让学生体验专业领域的奥秘。例如:实践中心与杭州市农科院建立共建关系,带领学生开展农事研学活动;西溪宫地处西溪湿地,成为师生开展"观鸟""认识植物""湿地生态调查研究"活动的重要场地。

（三）一个总团带动数百支分团发展

"西湖棒伢儿"欢乐总团成立于2010年,它是以自愿为原则把区内有相同兴趣爱好的学生组织在一起,并配置专业的辅导教师所形成的独立的校外学生组织。集团化办学后,青少年宫服务区域更广泛,师资力量更强大,棒伢儿欢乐社团进入高速发展期。

根据区域实际情况,三宫分设合唱团、民乐团、足球社等10余个总团。"入团门槛高、培训力度大"是总团的一大特点。根据总团要求,根据各宫的地理位置、特色项目等确定活动场地、社员数量、活动方案等。每年聘请数十位行业领军人物成立梦想导师团,为师生进行专业指导和集训。"展示舞台多,提升能力大"是总团的第二大特点。总团倡导学员积极参加省、市各类竞技活动,提升技艺。在省、市艺术节、科技节和体育类比赛中,"西湖棒伢儿"代表团的成绩总是耀眼夺目,成果丰硕。总团还主动搭建平台,展示社团风采。隔年一次的科技、艺术节是集中展示师生才艺的盛会,总团成员摘金夺银获奖无数。欢乐总团成为学生的专业成长联盟社。

为了进一步提升总团的影响力,以总团为点,带动区域内学校社团的蓬勃发展,2017年开始,青少年宫开展了区域内科技、体育、艺术等百余支校级"棒伢儿"分团的认定工作。对经认定的分团,总团将在师资培养、资金投入、人才输出等方面给予政策上的倾斜,从而鼓励广大师生积极参与社团活动。校级分团活动的广泛开展让儿童个体的成长与校级队伍、区级队伍形成互补、互通、互促之势。例如,2023年全区中小学"棒伢儿迎亚运"主题展演,全区70余支分团参与现场活动,万余名师生参与。集团化办学的统筹规划、高效落实让"棒伢儿"总分团建设呈现"聚是一团火,散是满天星"的态势。

（四）一个集团带动四宫(中心)特色发展

从2018年到2021年,青少年宫集团化办学历经4年,集团稳定运营,三大分宫和实践中心已经具备自我成长的能力。2021年,集团出台一宫四址特色化办学中长期规划,要求各成员宫要在做大、做强集团品牌的基础上,彰显特色,实现各美其美,满足不同区域、不同家庭、不同个性的学生参与青少年宫活动。

1. 西溪宫:红领巾学院,建校外红色教育联盟营

红领巾学院是对少年儿童进行思想政治教育的有效阵地,在落实党团队一体化阶梯式培养机制、形成少先队光荣感培育路径、实现思想政治教育的有形化方面发挥着巨大的作用。2018年,西溪宫建立了杭州市首个区级红领巾学院。学院每年聘请学校、社会优秀人士为兼职辅导员,开展以"马克思主义基本原理启蒙、习近平新时代中国特色社会主义思想、党团队史教育"为主要内容的必修课;聘请宫内教师为学科辅导员,开发科技创新、艺术审美、体质健康等为主的选修课。活动形式丰富,不拘泥于传统的讲座形式,开展寻访、调查、观察、研究等为主的多层次活动,吸引少先队员参与。

2018年9月,西溪青少年宫启用。

2. 之江宫：少儿科学院，建校外科技活动竞技场

针对学校科技教师专业化程度不高、训练场地不专业、"小科技迷"们无法得到专业培养和训练等问题，之江宫成立少儿科学院，为师生开展科技活动提供专业指导和服务。之江宫拥有专职科技教师多名，配备专业创客教室、模型训练场、基因探索教室、机器人教室等，2022年成为杭州市少科院分院。优秀的科技师资队伍、专业的科技活动场地，之江宫的"科技"特色日益明显。目前，之江宫拥有科技类高水平社团3个，省、市比赛成绩遥遥领先，模型、创客、编程等各类课程在省内颇具影响力。

3. 三墩宫：经典研究院，传承优秀地域文化

三墩宫深入挖掘中华优秀传统文化育人价值，形成"传承经典"系列课程。例如：邀请老红军、非遗传承人、道德模范等榜样人物讲身边的故事，带领学生走进杭州名人纪念馆聆听先辈故事，以"内引外输双向合作"持续打造特色鲜明的"传承经典"校外活动课程体系；开设"经典影视欣赏""我与四大名著""经典文学赏析"等课程，引导学生进行系统的文学欣赏和创作学习。

4. 创新实践中心：创新劳动营，感受科技改变生活

实践中心的活动与社会上各类青少年研学或劳动基地最大的区别是主打"新"。一是开展自主式新生活。实践中心开发智慧云平台，实现学员生活的"私人订制"。通过平台，每个学生自主选择阵营和小组，自主选择

寝室和床铺,自主选择学习内容;可通过自主申请劳动实践岗位赚取积分,可通过用餐、洗澡、兑换礼物等消费积分,在真实的场景中学会自我管理;学生所有的活动都将实时记录,并自动生成活动数据,形成个性化活动报告。二是开展主题式新劳动。实践中心系列课程遵循教育部颁发的《中小学综合实践活动课程指导纲要》和《义务教育劳动课程标准》开发"三一一"劳动课程。三大主题是走进农耕文化的传统劳动,了解现实生活的现代劳动,面向技术创新的未来劳动。中心设有11个室内专业场馆,开设百余门课程,供学生自主选择实践体验。

2021年10月,西湖区中小学创新实践中心启用。

三、机制创新

(一)集团统领下的自主管理制

青少年宫集团管理结构为同一法人、同一班子管理下的紧密型教育共同体模式,保障集团内人、财、物由主任室统筹调配,统一管理。以集团主任室为核心决策层,资源部、事业部、培训部、活动部为线,三大分宫和实践中心为面，架构整体管理布局。根据办公实际情况，各宫内设机构求同存异。之江宫为集团主任室和四部门常驻宫；三墩宫主要职能是做好节假日校外培训课程的服务管理，宫内常驻部门为培训分部和资源分部；西溪宫常驻部门为培训分部、资源分部和活动部少先队项目组。实践中心为适应市场需求单设"一室三部门"，一室指的是办公室，三部门分别是营销部、研学部、后勤部。自主化的管理，让各宫在运营中能够发挥其灵活主动的操作方式适应社会需求。

制度确定集团内部管理的标准化。近年来，集团多次召开制度修订会议，先后修订小比例晋升、绩效考核等人才激励制度，营造公平、公正、公开的人才竞争机制；修订集团内部预算管理、采购报销等制度，确保各宫财务规范与日常运行的高度匹配；修订青少年宫资产保管、设备维修等制度，达到物尽其用、统筹管理的实效。

（二）品牌驱动下的活动承包制

品牌是文化内核，是青少年宫标志标牌。在"让每一个孩子成为棒伢儿"的理念指引下，集团采取以教师个体、团队、分宫、集团等为不同单位的活动承包制，深化品牌建设。

1. 一师牵一线，术有专攻

近年来，集团引进在编教师数十名，成为省内唯一拥有科技（模型、信息和科普）、音乐（舞蹈、器乐、综艺、声乐）、美术（工艺、绘画、书法）等各类专业教师的区县级青少年宫。专业的师资保障每项区域活动都能责任到人，提升活动策划组织的科学性，师生对主题活动的参与热情显著提高。2022年，举办了首届区级棒伢儿街舞大赛，为街舞爱好者提供展示平台；2023年，举办了科技低碳活动——肥皂车大赛，其环保理念的渗透，活动形式的新颖，产生良好的社会效应。"棒伢儿"品牌活动真正做到了全面开花，样样精彩，人人夸赞。

2. 一宫揽一片，宫宫互助

青少年宫组织的活动参与人数多，组织协调难度大，往往会出现形式单一化、评价不全面等问题，家长社会满意度不高。集团化办学以来，一宫四址的规模破解了此难题。四宫（中心）分别承担活动任务，部分赛事也联合开展，既解决了学校接送难的问题，也可以缓解单体青少年宫压力大的现状。例如，实践中心为区摄影、速写等比赛解决了现场比赛的场地问题，也从根本上破解了摄影比赛作品弄虚作假难以根治的老大难问题。这样的活动赢得家长、社会、学校的一致认可，"棒伢儿"品牌活动的信任度得以空前提升。

3. 一校带一面，宫校联动

为了更好落实未成年人思想道德教育任务，集团更注重对特色学校的培育工作，通过宫校联动，以校带片，实现学校自主生长。集团邀请特色学校协办区域活动，邀请学校骨干教师共同参与活动方案的制订，聘请学校教师参与活动评价等。宫校联动，资源互补，"棒伢儿"理念根植于每一个学子的内心。

4. 一网带十万，数字赋能

面对全年数以千计的活动组织策划评价，青少年宫开发了"棒伢儿"平台，实现校外教育活动的数字化管理。平台不仅减轻活动管理的负担，更实现十万余名师生可实时开展区级主题活动的梦想。所有学生均可通过平台查看到当前区内师生活动，点击进入即可报名，在线提交活动作品。在评审过程中，系统自动屏蔽个人信息，评委可实时实现作品在线评审。家长可实时查阅相关评审工作的进展情况，及时获取获奖信息，实现竞赛活动的闭环。同时，学生参与平台内的所有活动信息将被实时记录，形成个性化、永久性的学生个人成长档案。

（三）多维推进下的课程共建制

在课程研发中，集团成立课程研发中心，主要任务是做好集团课程研发的顶层设计与规划，落实分工，实施监测，及时评估反馈调整。棒伢儿校外课程分设"灵伢儿"（音乐艺术课程）、"俏伢儿"（视觉艺术课程）、"壮伢儿"（体育健身课程）、"新伢儿"（科技创新课程）、"巧伢儿"（劳动教育课程）、"惠伢儿"（思维与文学课程）六大课程群，分阶段、分重点纵横交错落实研发任务。

1. 纵向以项目组为单位进行开发

首先，以集团"领军"教师为核心，做好分课程的整体规划。在"领军"教师的引领下，对集团各类课程进行整体规划，教师可根据个人特长选择内容进行深入研发。其次,以集团"优秀"教师为重点,做好子项目的课程研发。在课程研发过程中,充分发挥"优秀"教师的作用,落实子项目的课程设置、课程标准编制和教材编写等。例如,少儿模型工作室由省优秀科技辅导员袁老师担任工作室导师,工作室成员为宫内模型教师、学校科技教师、青少年宫外聘教师等,完成"新伢儿"科技创新课程群开发。

2. 横向以成员宫为单位实践课程

新研发课程做试点实践,不断完善,直至成熟,通过专家验收后,方可三宫铺开,共建共享课程。成员宫的特色化发展体现在课程实施与深化中。例如,三墩宫开展基于地域文化的经典文学课程,西溪宫依托红领巾学员开展少先队红色课程,之江宫开展科技创新类课程。在《青少年宫课程研发中长期规划方案》中,确定了各大分宫特色课程开发的年度计划和中长期规划,集团开展督导、评价、考核工作,确保课程落地落实。

四、成效与思考

(一)实现每一项活动精彩完美

青少年宫在集团化办学探索中不断激发内生动力,力争让每一项活动都精彩,让每一个细节都完美,让每一个儿童都参与。西湖区青少年宫连续14届获得杭州市中小学艺术节优秀组织奖;连续13届获得杭州市中小学科技节总分第一;被评为浙江省首批示范性青少年宫,成为省内公认的"龙头宫"。"棒伢儿"总团蓬勃发展,成为省内门类最全、专业程度最高的区级中小学生社团联盟代表。

（二）完成每一个区域资源优化

校外教育的集团化发展是西湖教育实现城乡教育均衡发展的缩影。西湖教育率先开启我国学校教育的集团化发展先河，在校外教育改革中也不遗余力，西湖区青少年宫成为省内首个拥有集团化办学规模的区县级青少年宫，每年校外培训课程服务学生在5万人次以上，每年参与教育主题活动的学生在10万人次以上。城内、城郊、乡村学生均能参与教育活动，城乡差距日益缩小，校内外互融互补的生态圈已经形成。

（三）吸引每一个学生参与

青少年宫集团在校外培训课程上满足青少年个性化需求，吸引每一个学生参与。除了课堂教学之外，集团成立"棒伢儿展览馆"让学生自信展示成果；每月开展"棒伢儿学员汇报日"，每年举行"俏伢儿合唱节""新伢儿实验秀"等活动，让青少年宫成为学生展示技能、施展才能的乐园。集团还汇聚各宫力量把暖心活动送进特殊学校、乡村学校，为有专业特长的学生搭建成长舞台，满足所有儿童的校外教育活动需求，让青少年宫成为学生享受快乐童年的殿堂。

校外教育集团化办学是实现教育共富的组成部分，5年探索初见成效，但也面临诸多困惑。例如，校外教育集团化办学需要建立科学评价体系，全面诊断办学问题从而寻求改进。又如，校外教育集团化办学中教师轮岗流动等倾斜性政策尚未落地，导致教师流动意愿不强等难题须破解。

后 记

　　《问道西湖：集团化办学谱写全域优质》这部文稿很快就要付梓出版了，按照惯例要写一篇后记。

　　"让更多孩子乐意在家门口上学"是西湖教育一直以来努力的方向。2002年，我国第一个公办基础教育集团在西湖区诞生。城市要发展，教育是先锋。最开始，杭州市求是小学去领办竞舟小学，主要是为了解决城市化发展过程中新区新建学校的快速成长问题，名校加持有利于赢得社会信任，让更多孩子能在家门口上好学。随着探索的逐步深入，几个校区一个办学标准的做法获得了家长的认可和社会的好评。为了巩固和推动这一做法，成立了杭州市求是教育集团。此后，西湖区相继成立文三教育集团、西湖小学教育集团、文一街小学教育集团、十三中教育集团、十五中教育集团、保俶塔实验学校教育集团等，实践证明集团化办学是一条很好的推进教育优质公平发展的新路径。

2022年正值西湖区开展集团化办学探索20年。

20年的探索，西湖区不曾停下脚步，一直在实践、在创新、在调适，尊重每一种能让孩子乐意在家门口上好学的模式。西湖区集团化办学入选浙江省改革开放30年成果100个案例，最近又入选浙江省深入践行"八八战略"百法百例，集团化办学也从西湖区，走向全市、全省，现在已经成为全国推进基础教育优质均衡发展的重要举措。在广泛实践过程中，社会对集团化办学有点赞，也有质疑，我们在办学中有些方面须继续改进，还存在一些没有破解的难题。但我们一直在寻求集团化办学的底层逻辑和坚守办学初心。

全国范围内开展集团化办学的区域很多，也有很多成功的经验值得我们学习，西湖区的集团化办学受到了全国各地的关注，接待了很多全国各地同行来西湖交流指导。这次梳理集团化办学的西湖模式，就是想和全国各地的同行一起来分享西湖的经验，商讨一些需要共同解决的问题，寻求一些需要破题的方向。从萌发这个想法，到正式实施落笔，也是下了很大的决心，花了很多的功夫。我们通过检索发现，目前基础教育界对集团化办学开展研究的著作非常少，以期通过对西湖这20年的实践进行总结、梳理、提炼，思辨性地提出问题，并在更大范围内进行求证，为全国基础教育高质量发展提供西湖实践经验。

这就是我们为什么要出这本书的心路历程。

本书涉及的思路、框架、内容等，我们编写组来来回回开了无数次研讨会。最后，将这本书确定为三个篇章。第一篇章描述了集团化办学与基础教育发展的关系，第二篇章回顾了四任局长关于集团化办学的思考和做法,第三篇章呈现了西湖区多模共生的10所代表学校的实践场景。在本书成稿的过程中,也有诸多感动,尤其是第二篇章对几任局长的采访,展现了以他们为代表的西湖教育人的责任担当以及对践行教育公平的执着追求,始终把办好每一所学校作为职责使命,令人动容。教育是最大最受关注的民生,其在发展过程中一直都有新问题出现,但在局校两级领导干部"敢担当""善突破""啃骨头"的精神激励下都得到了有效解决和创新发展。

事业总是一棒接着一棒干。

我们很庆幸西湖教育的发展,无论接力棒到了谁的手上,没有另起炉灶,没有朝令夕改,在集团化办学的道路上一直坚持走深走实。集团化办学20年,展现了西湖教育的深厚底蕴和影响力,传承了西湖教育人敢为人先、锐意进取的改革创新精神,也为集团化办学的杭州实践、浙江实践乃至全国实践留下了浓墨重彩的一笔。

在本书成稿的过程中,我们得到了很多人的帮助。

本书由杭州市西湖区教育局党委书记、局长汪培新编著,周华松、俞雁雁、程莉莎、黄志元、尹伟等局领导对本书的撰写给予了指导。西湖区教育学术委员会王曜君副主任负责书稿的总体设计和各章节具体内容的安排,西湖区教育局办公室陈文燕和陈国民两位老师负责协调编写过程中的有关事务及全书的统稿。倪幸佳、舒俊波、赵晨晨三位老师参与了第一篇章的撰写,浙江教育报刊社的舒玲玲、金澜两位记者负责了四位局长的采访并梳理了精彩的手稿,西湖区10个基层单位代表整理了自己集团发展的样态。在梳理、总结和提炼的过程中,我们得到了许多专家、领导、校长及教师的支持:中国教育科学研究院陈如平副院长、教育学博士李建民和杭州市求是教育集团的首任校长黄建明为西湖教育集团化办学的发展出谋划策并为本书写了序,浙江教育出版社副总编何黎峰、编辑冯岩尽心尽职为本书的出版付出了辛勤努力,参与本书编写的每一位老师都发扬了尽心尽职、实事求是、追求美好的精神品质。在此,一并感谢!

教育共富是新时代教育发展的新命题。

20年孜孜不倦地实践,西湖区能把集团化办学的命题不断推向深化,要感谢党委、政府的领导与支持,要感谢各级领导专家的引领与指导,感谢西湖区广大学校教师的智慧与奉献。西湖教育将以集团化办学为支点,加大局与校之间的资源统筹力度,促进校与校之间合作借力发展和人与人之间的正向激励赋能,提高人的心灵修养水平,绘就一幅"温暖美好、光明向上"高质量发展新图景。

限于我们的能力与水平,本书一定存在疏漏和不足之处,敬请各位读者不吝赐教。让我们共同努力,始终心怀热爱,让教育更加友好,让社会更加美好,让更多的孩子都能成为有价值、有意义的人。

编　者

2023 年 10 月于杭州

图书在版编目（ＣＩＰ）数据

问道西湖 : 集团化办学谱写全域优质 / 汪培新编著.
-- 杭州 : 浙江教育出版社，2023.11
　　ISBN 978-7-5722-6845-8

　　Ⅰ．①问… Ⅱ．①汪… Ⅲ．①办学组织形式－研究－
杭州 Ⅳ．①G527.551

中国国家版本馆CIP数据核字(2023)第213495号

责任编辑　冯　岩		美术编辑　曾国兴	
责任校对　滕超萍		责任印务　陆　江	

问道西湖：集团化办学谱写全域优质

WENDAO XIHU:JITUANHUA BANXUE PUXIE QUANYU YOUZHI

汪培新　编著

出版发行	浙江教育出版社
	（杭州市天目山路40号　电话:0571-85170300-80928）
图文制作	杭州兴邦电子印务有限公司
印　　刷	浙江新华数码印务有限公司
开　　本	787mm×1092mm　　1/16
印　　张	17.5
插　　页	2
字　　数	191 000
版　　次	2023年11月第1版
印　　次	2023年11月第1次印刷
标准书号	ISBN 978-7-5722-6845-8
定　　价	80.00元

如发现印、装质量问题,请与承印厂联系。

电　　话:0571-85155604